ATTACHEMENT ANXIEUX

Le guide pratique pour arrêter de trop penser dans vos relations, atteindre la source de votre anxiété, et transformer la dépendance en confiance.

ROBERT MERCIER

D1700446

TABLE DES MATIÈRES

INTRODUCTION

Votre partenaire qui doit partir à l'étranger pour des raisons professionnelles, vous l'annonce très soudainement. C'est alors que vous commencez à imaginer qu'il veut partir parce que vous en avez assez de lui. Vous essayez donc de le convaincre de rester. Lorsqu'il vous rassure en vous affirmant que son départ est vraiment d'ordre professionnel, vous vous sentez soulagé.

Ce n'est qu'un exemple pour illustrer une situation dans laquelle l'une des deux personnes du couple souffre d'attachement anxieux. Dans ce livre, nous parlerons en détail de l'attachement anxieux, en découvrant ce que nous entendons précisément par ce terme et comment il peut affecter votre vie, en particulier dans les relations. Parfois, en effet, la « faute » d'une relation malsaine n'incombe pas seulement à la personne souffrant d'attachement anxieux, mais aussi à des situations objectives qui constituent de véritables problèmes. Si, par exemple, votre partenaire est de toute évidence insaisissable, il est tout à fait normal que vous vous retrouviez en proie à l'anxiété et à l'insécurité. Parfois, il peut être avec vous physiquement et ailleurs mentalement, de sorte que la communication devient impossible. La communication est fondamentale dans toute relation interpersonnelle, que ce soit avec votre famille, vos collègues ou vos amis, et surtout avec votre partenaire. Malgré cela, la plupart d'entre nous ne savent pas comment communiquer efficacement. Communiquer efficacement signifie être capable de faire passer notre message à l'autre personne d'une manière si claire qu'il ne peut pas être mal compris. Si vous pensez que votre communication se dégrade, ne vous inquiétez pas, car dans ce livre, nous nous attarderons également sur ce point.

En résumé, nous pouvons dire que l'attachement anxieux se caractérise par des sentiments de possessivité, d'insécurité et d'agitation. Certaines des personnes présentent deux ou trois de ces éléments et d'autres n'en ont qu'un, mais ces trois facteurs sont les piliers d'une réalité pour ceux qui souffrent de ce style d'attachement. Rappelons qu'il est parfois déclenché par des situations passées, comme des expériences négatives ou des difficultés durant l'enfance, alors que, dans d'autres cas, il est provoqué par le comportement du partenaire. Nous l'avons déjà mentionné, il existe souvent des partenaires réellement insaisissables, ou encore des couples sans véritable communication, les deux personnes étant peut-être concentrées sur leur propre vie et n'ayant pas de temps, d'espace à consacrer à l'autre. Peut-être vous reconnaissez-vous dans cette situation ; sans doute même si vous vivez avec votre partenaire depuis de nombreuses années vous sentez-vous comme deux étrangers en vous retrouvant tous les soirs pour dîner. Lorsque vous menez deux vies séparées, il est normal qu'au bout d'un certain temps, le couple commence à battre de l'aile et il peut arriver qu'un sentiment d'attachement anxieux se développe chez l'un d'entre vous, surtout si cette personne souffre déjà d'insécurité, d'une faible estime de soi ou d'un passé encore lourd à digérer.

L'ATTACHEMENT ANXIEUX : DE QUOI S'AGIT-IL ET COMMENT LE RECONNAÎTRE ?

Lorsque l'on parle d'attachement anxieux, on imagine souvent une personne qui ne veut pas quitter son partenaire, son meilleur ami ou une autre personne qu'elle aime beaucoup. Si nous pensons à un enfant, nous le voyons s'accrocher aux jambes de son parent, criant et pleurant, essayant de ne pas le lâcher. En réalité, il n'est pas toujours facile d'identifier l'attachement anxieux, car ce problème peut se manifester de différentes manières.

Afin de reconnaître correctement l'attachement anxieux, la première chose à faire est de se rendre compte qu'on est confronté à une réalité comme celle déjà mentionnée dans l'introduction, à savoir le fait d'avoir un partenaire insaisissable. C'est important de parler de cette situation, car dans la plupart des cas, on n'est pas en mesure de réaliser ou d'admettre cela de son partenaire. On se rend ainsi responsable du sentiment d'anxiété et d'inconfort ressenti lorsque, par exemple, l'autre personne vient à s'éloigner. Pour vous aider à comprendre s'il s'agit d'un attachement anxieux, apparemment non motivé, ou s'il provient du comportement de votre partenaire, commencez par vous demander si c'est votre propre insécurité qui crée cet état d'anxiété ou si, au contraire, le malaise que vous éprouvez émane du comportement de votre partenaire. Pour l'instant, nous parlons du partenaire, mais n'oubliez pas la possibilité de côtoyer quelqu'un qui se comporte de manière sournoise dans le cadre de tout autre type de lien : les parents, les frères et sœurs, les amis proches ou même les patrons et les collègues de travail.

Les deux types d'attachement anxieux

Avant d'aller plus loin dans notre livre, il est important de faire une pause et de parler des différents types d'attachement anxieux. Au total, il y en a quatre :

- Fixation sûre
- Attachement désorganisé
- Attachement anxieux évitant
- Attachement anxieux ambivalent

La théorie de l'attachement, créée par le psychologue John Bowlby, affirme que nous avons tous, en tant qu'êtres humains, un besoin primaire, celui de nous sentir en sécurité. Nous associons généralement cette sécurité à une figure de référence qui, pendant l'enfance, est habituellement un parent, voire les deux. Au fur et à mesure que nous grandissons, cette figure de référence peut varier, souvent jusqu'à devenir un partenaire. S'il est normal de rechercher cette sécurité face à des situations «dangereuses», il faut aussi tenir compte du fait que chaque personne a son propre bagage expérientiel, caractérisé par toutes ses expériences passées, qui peut être différent de celui d'une autre personne. Une personne qui, enfant, a été élevée dans une famille où les deux parents n'étaient disponibles que dans certains contextes et l'ignoraient dans d'autres, peut avoir des problèmes que son partenaire, issu d'une famille où ils étaient toujours disponibles pour les enfants, ne connaît pas. Prenons un exemple : Marc a grandi auprès de deux parents qui travaillaient de longues heures en dehors de la maison. Ils n'étaient présents que dans certains contextes, généralement lors d'occasions telles que les fêtes d'entreprise ou Noël qui les exposaient au regard des collègues ou des membres de la famille. Sa fiancée, Laura, a vécu avec une mère et un père toujours ouverts, qui la soutenaient et l'encourageaient. Lorsque Laura informe Marc qu'elle a décidé de suivre un cours de dessin, sa grande passion, et qu'elle sera donc en cours pendant deux heures tous les mardis et vendredis soir, l'homme voit un « danger » qui, en réalité, n'en est pas un. Il se nourrit des peurs et des insécurités qu'il éprouvait enfant quand, par exemple, ses parents travaillaient tard. Une mention spéciale est accordée à la relation avec la mère. Que vous soyez un homme ou une femme, les expériences inadéquates que vous avez vécues pendant votre enfance, en particulier celles liées à la figure maternelle, peuvent vous avoir laissé des cicatrices dont vous êtes parfois conscient, quelquefois non.

Si vous ne l'avez jamais fait auparavant, vous pouvez commencer à analyser objectivement votre relation avec votre mère. Ce n'est pas facile et, si vous pensez que c'est le cas, vous pouvez demander l'aide d'un professionnel. Il n'y a pas de mal à réclamer de l'aide à quelqu'un qui a les compétences nécessaires pour vous accompagner dans ce voyage, car nous manquons souvent d'objectivité lorsque nous nous analysons nous-mêmes, notre passé et le comportement de figures importantes pour nous, comme notre mère. Ce voyage à l'intérieur de votre relation avec votre mère est un pilier de ce chemin de découverte qui vous permettra d'identifier votre style d'attachement. Il en existe quatre principaux - et nous détaillerons tout à l'heure les caractéristiques du style anxieux évitant et du style ambivalent - mais chacun d'entre eux comporte tellement de nuances que le vôtre peut être à l'opposé de celui de votre ami(e) ou de votre conjoint(e) et se rapprocher en revanche de celui de quelqu'un avec qui vous ne partagez pas un lien aussi étroit, mais qui a eu une enfance similaire à la vôtre.

Attachement anxieux évitant

Ce type d'attachement survient généralement en réaction à une série de choix et de comportements de nos parents lorsque nous sommes jeunes. Prenons quelques exemples : les parents de Lucie, âgée de 6 ans, sont très occupés par leur travail et sont aussi des personnes froides et distantes. Ils l'embrassent rarement, ne la tiennent presque jamais dans leurs bras, et elle grandit en développant un type d'attachement insécurisant. Sa collègue, Martine, a été élevée avec des parents également « trop » affectueux, de sorte que sa situation est presque à l'opposé de celle de Lucie. Cependant, le résultat peut être le même, à savoir le développement d'un style d'attachement insécurisant. En effet, dans les deux cas, les fillettes sont exposées à des figures de référence (les parents) qui ne se comportent pas de manière saine. Dans ce type d'attachement anxieux, il n'y a pas de crises de colère, de cris ni de pleurs comme font souvent les enfants lorsque leurs parents sont absents ou éloignés. Lucie et Martine ont toutes deux accueilli l'absence de leurs parents, physique et/ou émotionnelle, sans se plaindre. Ainsi, les enfants vivant dans ces contextes en viennent régulièrement à ignorer les câlins et les caresses des figures de référence et ne les recherchent pas. Pour en revenir aux exemples, Lucie et Martine désirent fréquemment l'attention de leurs parents pendant l'enfance, ce qui est normal à cet âge. Lucie réclame à ses parents de l'emmener au terrain de jeu où vont toutes ses amies, de l'inscrire à l'école de danse, de lui lire un conte de fées, de lui préparer le plat qu'elle aime tant, et mille autres petites choses que son père et sa mère s'empressent d'ignorer. Dans le cas de Lucie et de Martine, les fillettes sont également négligées quand elles recherchent des marques d'affection de la part de leurs parents, par exemple lorsqu'elles leur demandent des baisers, des caresses et des câlins. Les deux enfants se sentent alors rejetées, ce qui les amène à avoir une image négative d'elles-mêmes et à développer le sentiment de ne pas être aimées ou acceptées par leurs propres parents. Il va sans dire que leur estime de soi est faible, voire nulle.

En grandissant, elles développent un certain détachement à l'égard de leur mère et de leur père, car il est désormais clair que ces deux figures ne satisferont jamais aucun de leurs besoins. Elles font donc preuve d'indifférence pour leurs parents, comme une méthode d'autoprotection.

Si vous vous reconnaissez dans l'enfance de Lucie ou de Martine, vous avez peut-être des difficultés relationnelles à l'âge adulte. Il en va de même, bien sûr, pour les hommes. Les personnes qui ont été ignorées, sous diverses formes, par des figures de référence lorsqu'elles étaient enfants, deviennent généralement des adultes avant tout peu sûrs d'eux au sein d'une relation. C'est précisément parce qu'elles ne se sentaient pas considérées dans leur enfance par ceux qui auraient dû s'occuper d'elles, qu'une fois adultes, ces personnes vivent leurs relations avec froideur, en essayant de ne pas trop s'impliquer. Elles établissent souvent des relations superficielles, dans lesquelles il peut y avoir de l'affection et de l'attirance, mais qui débouchent rarement sur l'amour.

Cette attitude anxieuse et évitante découle de la conviction de la personne qu'elle n'est pas digne d'être aimée. Après tout, si votre père et votre mère, qui devraient être, par définition, les personnes qui vous aiment le plus au monde, vous ont toujours traité comme si vous n'étiez rien d'autre qu'un fardeau, pourquoi quelqu'un d'autre devrait-il vous apprécier ? Peut-être en venez-vous à penser qu'il y a quelque chose qui ne va pas chez vous, que vous êtes né pour être une charge et que vous ne méritez pas la même joie et la même affection que celles réservées aux autres. Si c'est le cas, il vous arrive souvent aussi de ne compter que sur vous-même, de savoir que vous ne pouvez vous appuyer que sur vos propres forces et d'avoir du mal à faire confiance aux autres, précisément, car dans le passé, vous n'avez jamais vu aucun de vos besoins satisfaits. Peut-être qu'aux yeux des autres, vous apparaissez comme une personne extrêmement indépendante qui ne sourcille pas si votre partenaire part cinq mois à l'étranger pour affaires, qui accepte avec une apparente indifférence tout ce que votre partenaire dit ou fait, alors que cela poserait problème dans d'autres couples. Après tout, vous n'attendez rien de votre partenaire, parce que vos parents ne vous ont jamais donné grand-chose. Il s'agit donc d'une fausse indépendance qui cache en réalité des problèmes relationnels et un attachement anxieux.

Attachement anxieux ambivalent

Si vous souffrez d'un attachement anxieux ambivalent, vous avez probablement tendance à recevoir et à absorber chaque stimulus ou signal envoyé par votre partenaire ou toute autre figure importante de votre vie. En raison de ces caractéristiques, vous êtes toujours tendu et en souffrance, car vous êtes extrêmement sensible et percevez tout ce qui affecte ou peut fragiliser votre relation avec cette personne. On peut donc dire que votre état de bien-être est étroitement lié à votre partenaire et à sa présence, physique, mais aussi émotionnelle.

Françoise a un attachement anxieux, ambivalent, et perçoit et interprète ainsi tous les signaux de son partenaire, Paul, comme positifs ou négatifs. Lorsque Paul la câline, souhaite avoir des rapports sexuels avec elle, lui propose de regarder un film ensemble ou lui raconte ce qu'il a fait pendant la journée, Françoise se sent bien, « en sécurité », parce qu'elle décode ces messages-là comme positifs. En revanche, quand son partenaire lui lance que ce dimanche, il part à moto avec ses amis, l'accuse de lui laisser peu d'espace, lui fait part de son besoin d'être seul et de retourner vivre chez ses parents pendant un certain temps, ou l'abandonne dans une forme d'incertitude, en annonçant ne pas savoir si elle pourra l'accompagner au dîner auquel tous ses amis amèneront leurs partenaires, Françoise s'affole et se sent « en danger », car elle interprète ces signaux comme étant négatifs.

Dans ce cas, il est important de mentionner à nouveau le côté insaisissable du partenaire. Nous verrons plus loin ce que nous entendons par « partenaire insaisissable », mais avant de vous reprocher votre malaise, demandez-vous si vous avez vraiment des raisons de craindre que votre relation avec votre partenaire ne soit problématique.

Les personnes souffrant d'un attachement anxieux ambivalent ont un besoin de contact et d'affection qui ne connaît pratiquement aucune interruption. Par conséquent, lorsque ces pauses se produisent, la personne se considère exposée à un « danger », se sent insécurisée et met en place des stratégies d'activation, c'est-à-dire des sentiments ou des pensées qui la poussent à s'approcher de l'autre, à la fois physiquement et émotionnellement. Pour reprendre l'exemple de Françoise, elle peut proposer à Paul et à ses amis de faire un tour à moto avec eux, même si elle est terrifiée à cette idée. Ou bien encore, après qu'il lui a dit vouloir rentrer chez ses parents pour un moment, elle peut chercher à susciter son attention, le câliner, l'embrasser, etc. Dans ce cas, deux scénarios sont possibles :

- Le partenaire réagit « logiquement » aux stratégies d'activation, c'est-à-dire de la manière attendue. Dans ce contexte, nous pouvons dire que le « danger revient » et que tout redevient comme avant. Si Françoise embrasse et câline Paul et que celui-ci lui déclare être peut-être allé trop loin et ne pas souhaiter retourner chez ses parents, elle se sent à nouveau calme. Bien sûr, entre le point A (lorsque Paul lui a dit souhaiter plus d'indépendance et repartir vers ses parents) et le point B (quand Paul réagit à la proximité de Françoise et décide de rester vivre avec elle), elle a dû endurer diverses douleurs.
- Le partenaire ne répond pas immédiatement de manière appropriée aux stratégies d'activation. Dans le cas où Paul est indifférent à la stratégie de Françoise, et qu'il rétorque « Je ne sais pas, je dois y réfléchir » lorsqu'elle lui demande « Es-tu sûr de vouloir retourner chez tes parents ? », elle se retrouve dans un abîme de doutes et d'insécurité dus au manque de certitude résultant de l'attitude de Paul.

2

ATTACHEMENT ANXIEUX
DANS LES RELATIONS

Dès l'adolescence, nous sommes tous à la recherche d'un partenaire, de la «bonne» personne qui peut nous comprendre, nous aimer et nous accepter tels que nous sommes. Certes, au cours de notre vie d'adulte, nous pouvons également avoir des relations importantes avec d'autres personnes que notre partenaire. Cependant, pour chacun d'entre nous, les relations amoureuses jouent un rôle primordial.

Comme nous l'avons vu jusqu'à présent, l'attachement anxieux a un impact profond sur les relations de couple. Les relations dans lesquelles l'un ou les deux individus se sentent dominés par l'anxiété en raison de la méfiance à l'égard de l'autre ne sont certainement pas agréables. En effet, parfois un seul souffre d'attachement anxieux alors que, dans d'autres relations, ce sont les deux qui présentent ce type de problème. Nous l'avons expliqué précédemment : il existe aussi des relations dans lesquelles le comportement résultant de l'attachement anxieux trouve sa motivation dans le fait que le partenaire est insaisissable.

Dans ce cas, même si vous souffrez d'attachement anxieux, vous n'êtes pas le problème, car ce que vous ressentez est déclenché par le comportement de votre partenaire. On peut dire que l'attachement anxieux au sein d'un couple se définit à la fois par la peur de perdre son partenaire et par le désir de se rapprocher de lui. Chaque fois que votre partenaire s'éloigne ou rejette quelque chose, même de façon minime, vous paniquez, craignant qu'il/elle ne vous quitte. La plupart de ses comportements ne signifient rien de grave, encore moins qu'il ne vous aime pas, et pourtant, précisément parce que vous lisez ces attitudes à la loupe de l'attachement anxieux, vous les redoutez et pensez qu'elles sont l'avant-goût d'une catastrophe relationnelle.

À ce stade, la manière dont votre partenaire réagit à vos craintes et à vos attitudes joue un rôle essentiel. Cela dépend en grande partie de la façon dont il vous apprécie : s'il s'agit d'une personne que vous fréquentez depuis deux semaines, elle ne vous connaît peut-être pas aussi bien que le mari de votre sœur marié avec elle depuis 25 ans. Dans de telles situations, le partenaire ne doit pas prendre l'anxiété de l'autre à la légère, mais plutôt l'accueillir et la comprendre, en supposant que le partenaire souffre d'insécurité ou qu'il a vécu des situations douloureuses dans le passé. Si votre partenaire entend votre anxiété, votre insécurité et votre passé, son attitude sera sympathique et vous aidera ainsi à expliquer que son petit rejet ou son éloignement n'a rien à voir avec vous ou votre relation, mais qu'il doit simplement se rendre à Londres le week-end prochain parce que son patron le lui a ordonné.

Portrait-robot du partenaire insaisissable

Toutefois, la personne souffrant d'un attachement anxieux ne peut pas toujours compter sur un partenaire compréhensif. Prenons une situation typique : Alice et Michel sont fiancés depuis cinq ans. Dans le passé, Alice a vécu une enfance difficile, notamment sur le plan affectif, sa mère étant célibataire et souvent absente pour son travail. À l'âge adulte, elle s'est retrouvée impliquée dans plusieurs relations presque aussi compliquées les unes que les autres. Michel sait tout cela, mais il n'accueille pas son anxiété et ne la comprend pas, il alimente plutôt son malaise, si bien qu'Alice se sent de plus en plus attachée à lui.

Ici, il faut appréhender si le partenaire est conscient ou non de son attitude. Fréquemment, en effet, il ne se comporte pas de la sorte pour alimenter l'anxiété de l'autre, mais de manière tout à fait inconsciente, en fonction d'attitudes basées sur des expériences personnelles passées. D'autres fois, en revanche, le partenaire peut être parfaitement conscient de ce qu'il fait et utiliser l'anxiété de l'autre comme une arme de pouvoir au sein du couple.

Qui est donc ce partenaire insaisissable ? Nous vous proposons une liste de caractéristiques pour vous aider à identifier ce type de partenaire, femme ou mari, afin que vous puissiez déterminer s'il s'agit de la personne avec laquelle vous êtes :

- En cas de conflit, le partenaire insaisissable reste silencieux ou s'enfuit.
- Lorsqu'il y a des problèmes, il les résout en toute hâte, même si, dans la plupart des cas, cela signifie que la solution est bâclée et inefficace.
- Face à un problème, il ne montre pas ses émotions et se concentre uniquement sur l'aspect rationnel.
- Si vous pleurez ou souffrez, il se sent irrité ou mal à l'aise et, par exemple, quitte la pièce.
- Lorsque vous êtes anxieux ou que vous exprimez vos émotions, il les minimise et/ou se moque de vous.
- Il ne veut pas être lié et ne peut pas prendre d'engagements.

À qui la faute ?

Nous cherchons souvent à savoir qui est responsable du mauvais état de santé de notre couple. Est-ce votre faute ? Est-ce la faute de votre partenaire ? Est-ce votre faute à tous les deux ? Le conseil est de ne pas chercher de coupable du tout, mais d'analyser la situation en sachant qu'il faut les efforts de chacun pour remettre les choses sur pied. Vous ne devez pas être l'un contre l'autre, mais des alliés pour tenter de résoudre une situation désagréable.

Si vous savez que vous souffrez d'attachement anxieux, ou si vous pensez qu'il y a de fortes chances que vous en souffriez, il est probable que vous ayez tendance à vous culpabiliser parce que c'est vous qui subissez l'anxiété, qui partez en vrille au moindre rejet ou éloignement de votre partenaire. Or, nous le répétons, il demeure important d'analyser objectivement la situation en essayant de comprendre s'il est insaisissable ou non. En effet, dans certains couples, un attachement « normal » est exacerbé précisément à cause du caractère insaisissable de l'un des deux.

Voici des listes qui vous aideront à reconnaître si votre partenaire est insaisissable ou si vos attitudes et votre anxiété sont dictées par un attachement anxieux.

Si vous avez ces craintes, votre partenaire est insaisissable

- Vous craignez qu'il ou elle ne veuille pas s'engager. Par exemple, vous êtes fiancés depuis 20 ans, mais votre partenaire ne souhaite pas vous épouser. Ou encore, vous avez un bon emploi et une maison héritée de vos parents, mais il ou elle n'envisage pas d'emménager avec vous.
- Face à un conflit, vous craignez de ne pas pouvoir le résoudre parce que votre partenaire ne s'en occupe pas.
- Lorsque quelque chose vous préoccupe ou que vous avez besoin d'un conseil, vous redoutez que votre partenaire ne vous écoute pas ou ne vous comprenne pas.
- L'idée même de vous montrer vulnérable devant lui/elle vous effraie. Par conséquent, vous évitez de pleurer, même pour des « broutilles » comme regarder un film qui vous émeut.

Si vous éprouvez une ou plusieurs de ces peurs, il y a de fortes chances que votre partenaire soit insaisissable. Analyser objective-ment votre relation n'est peut-être pas facile, mais c'est nécessaire pour identifier les peurs que vous ressentez régulièrement, mais que vous n'arrivez pas à reconnaître ou à extérioriser. Si cela peut vous aider, demandez un avis sincère à des personnes qui vous connaissent bien et en qui vous avez confiance, comme une sœur ou un ami proche, ou requérez l'aide d'un professionnel. Que vous réclamiez l'aide d'autres personnes ou que vous optiez pour l'approximatif, il est conseillé de mettre sur papier ce que vous découvrez au cours de ces analyses de votre vie de couple, afin de ne pas vous embrouiller et d'y réfléchir calmement.

Si ces peurs sont fréquentes et intenses, vous souffrez d'un attachement anxieux :

- Vous avez peur de perdre votre partenaire, par exemple vous avez peur qu'il vous quitte.
- Vous avez peur d'être seul(e).
- Vous avez peur qu'il/elle vous trompe ou tombe amoureux d'une autre personne. Lorsque vous voyez votre partenaire parler à cette jeune stagiaire, vous commencez déjà à penser au pire.
- Vous avez peur que votre partenaire cesse de vous aimer.

Si vous avez une ou plusieurs de ces peurs, surtout si elles sont intenses et régulières, votre partenaire n'est probablement pas insaisissable, mais vous souffrez d'un attachement anxieux. Si c'est le cas, ne vous inquiétez pas, car la première étape pour apporter des changements dans votre vie est précisément de prendre conscience de la situation dont nous partons.

L'attachement anxieux dans l'amitié

Lorsque nous parlons d'attachement anxieux, nous le faisons généralement dans le contexte des relations de couple, mais tel que nous l'avons déjà mentionné, ce problème peut apparaître dans n'importe quel type de relation, donc également dans les amitiés. Un peu comme dans le cas du partenaire, si vous souffrez d'attachement anxieux, vous risquez de craindre que vos amis - ou l'un d'entre eux en particulier - cessent soudainement de vous aimer. Dans ce cas, vous pouvez tout faire pour lui plaire, l'accompagner partout même si vous n'en avez pas envie et écouter ses plaintes pendant des heures, même lorsqu'il vous téléphone à 3 heures du matin. Si l'on pense à l'adolescence, on comprend facilement que Matteo, qui a 16 ans, se soucie d'être accepté par ses camarades de classe et craint qu'ils ne se lassent de lui. Ainsi, lorsqu'ils l'invitent à faire de la mobylette sans casque, à aller à des fêtes de personnes âgées ou à fumer, Matteo accepte parce qu'il a peur, sinon, d'être rejeté. L'exemple de Matteo n'est bien sûr qu'un exemple, peut-être un peu extrême, mais il permet de comprendre comment la peur d'être abandonné, de ne plus être aimé par ses amis peut déterminer nos choix dans le contexte social. Il est également probable que, pour ne pas décevoir nos amis ou pour éviter qu'ils ne découvrent qui nous sommes vraiment, nous portions un masque. Ainsi, si tous les membres de notre groupe sont extravertis et aiment faire la fête tard, nous ferons semblant d'être de même alors qu'en réalité, notre soirée idéale se passe à lire un livre devant la cheminée.

De la même manière que l'attachement anxieux à son partenaire, l'une des plus grandes peurs est celle d'être seul. Souvent, dans la société actuelle, nous associons la solitude à quelque chose de négatif. C'est comme si nous étions inconsciemment convaincus que quelqu'un qui est seul est un perdant, quelqu'un que personne n'aime ou ne veut, bref incapable d'avoir des relations interpersonnelles. En réalité, l'adage classique « Mieux vaut être seul que mal accompagné » contient une part de vérité. Apprendre à être seul est tout à fait possible, mais comme tout changement, cela demande du temps, de l'engagement et de la répétition. De plus, dans ce cas, la personne doit souvent prendre son courage à deux mains, car on nous enseigne dès l'enfance qu'en tant qu'êtres humains, nous sommes des animaux sociaux et que nous devons être avec les autres. En fait, il serait préférable que vous vous éloigniez des personnes qui vous empêchent d'être vous-même ou, si vous pensez que votre attitude n'est pas due au comportement de vos amis, mais à votre attachement anxieux, que vous commenciez à vous montrer tel que vous êtes. Cela peut faire peur, précisément parce que vous craignez que, ayant découvert votre véritable façon d'être, les autres ne veuillent plus de vous et vous laissent tranquille : c'est un risque que vous devez prendre. Si vous y réfléchissez, ce n'est pas vous qu'aiment vos amis, en ce moment, mais une image de vous que vous leur présentez. Nous savons que c'est difficile de lire ces mots, mais tant que vous ne vous montrerez pas tel que vous êtes, votre groupe continuera malheureusement à se faire une idée de vous qui ne correspond pas à la réalité, croyant - toujours en référence à l'exemple cité plus haut - que vous êtes un extraverti et un fêtard alors qu'en réalité, vous êtes tout sauf cela.

De même que dans un couple, avant de nous accuser d'attachement anxieux, nous devons nous demander si ce n'est pas notre partenaire qui est insaisissable, nous devons également nous poser cette question dans le cadre d'une amitié. Pour vous aider, vous pouvez utiliser les lignes directrices que vous avez trouvées précédemment et essayer de déterminer à qui revient la « faute » dans une relation qui ne fonctionne pas comme elle le devrait.

Une fois que vous vous êtes assuré que votre ami n'est pas insaisissable, mais que le problème vient de vous et de votre attachement anxieux, par exemple en découvrant votre peur constante d'être seul, vous pouvez commencer à prendre des mesures pour nouer des amitiés plus saines.

- Soyez vous-même. Nous l'avons déjà dit, mais c'est l'une des étapes les plus importantes. Si vous ne savez pas qui vous êtes vraiment, comment pouvez-vous vous montrer aux autres avec la version la plus authentique de vous-même ? Dans ce cas, vous finissez par porter un masque et par adopter tous les comportements imposés par la société ou par vos amis eux-mêmes, surtout si, comme dans ce cas, vous avez peur d'être rejeté. Entamez donc un travail d'introspection - seul ou avec l'aide d'un professionnel - qui vous permettra de connaître vos idéaux, vos valeurs et de comprendre qui vous aimeriez être et comment vous adoreriez vivre votre vie. Vous pourrez ainsi commencer à effectuer des choix en accord avec votre moi intérieur. Cela demande bien sûr beaucoup de courage, surtout si ce qui vous fait du bien est très différent de ce qu'impose la société ou des attentes de votre entourage, et peut être particulièrement difficile pour ceux qui, comme vous, vivent dans la peur constante de perdre leurs amis et d'être laissés seuls. En suivant les autres conseils de ce livre, commencez par travailler sur votre attachement anxieux, et une fois que vous serez plus confiant, vous pourrez commencer à montrer aux autres qui vous êtes. Si ces personnes vous tournent le dos, vous devez vous persuader que ce n'est pas la fin du monde. Cela ne signifie pas que vous serez seul toute votre vie, que personne ne voudra devenir ami avec vous. Modifiez votre point de vue en considérant que cette situation, si redoutée actuellement, n'est pas aussi négative : elle vous permettra en effet de vous entourer de nouvelles personnes qui vous ressemblent vraiment et avec qui vous pourrez être vous-même.

- Apprenez à dire « Non ». Nous l'avons déjà dit, si vous êtes animé par la peur de perdre vos amis ou de les voir vous tourner le dos, vous êtes prêt à tout pour éviter votre plus grande peur, qui est d'être seul, de ne pas être aimé. À la longue, cela vous amène à vivre comme dans une pièce de théâtre où vous jouez un personnage. Surtout si vous en êtes plus ou moins conscient, vous pouvez développer un malaise psychophysique parce que votre moi intérieur se sent emprisonné, obligé de s'effacer pour pouvoir porter un masque tous les jours. Vous commencez à dire « Non » aux activités que vous n'aimez pas ou à ce que vos amis vous demandent de faire lorsque vous êtes fatigué ou occupé. Prenons un exemple : vous venez de rentrer du travail, vous êtes épuisé et vous avez très mal à la tête. Vous avez hâte d'aller vous coucher. Votre meilleur ami, Andrea, vous appelle et vous annonce que lui et les autres vont à une pizzeria. Au lieu d'accepter, d'avaler une aspirine en espérant qu'elle fasse effet et de ne pas vous coucher avant minuit, dites à Andrea que la journée a été chargée, que vous êtes très fatigué et que vous avez également mal à la tête, de sorte que vous n'avez pas envie de sortir. Andrea insistera sans doute au début, parce qu'il est habitué à vos « Oui » constants, mais ne vous laissez pas abuser et restez fidèle à votre choix. Faites-le chaque fois que, pour une raison ou une autre, vous ne voulez pas faire quelque chose, voir quelqu'un ou aller quelque part. Évitez de trouver des excuses, mais expliquez tout simplement que vous ne pouvez pas/que vous n'avez pas envie. Au début, vos amis seront surpris par votre attitude, juste parce que vous avez toujours été là pour eux. Ce sera normal également que vous ayez plus peur que d'habitude d'être abandonné par eux, mais essayez de vous rappeler que si une personne tient vraiment à vous, elle le fera, même si vous n'êtes pas d'accord pour participer à toutes les sorties. Si ce n'est pas le cas, répétez-vous que cela ne signifie pas que vous serez seul toute votre vie ou que vous avez tort, mais simplement que ces personnes n'étaient pas de vrais amis et qu'il vaut mieux les perdre que les garder.

3

À L'ORIGINE DU PROBLÈME : LE POIDS DES RELATIONS PASSÉES ET L'INSÉCURITÉ QUI SUBSISTE

D ans la plupart des cas, nos choix et nos comportements sont régis par nos expériences passées. Si, l'année dernière, Julie a été convoquée à l'improviste dans le bureau de son patron et qu'elle a été licenciée, elle a peur chaque fois que son patron actuel l'appelle. Sa collègue Nancy, en revanche, n'a pas eu ce genre d'expérience et entre dans le bureau du directeur sans problème.

Cet exemple très simple nous montre que nous essayons souvent de nous protéger ou que nous redoutons d'avoir peur par rapport à des expériences, surtout négatives, vécues dans le passé. Si nous pensons à des épisodes particulièrement difficiles ou traumatisants, comme la fin d'une relation longue mais toxique, lorsque nous commençons à fréquenter une nouvelle personne, notre comportement sera déterminé par le besoin d'éviter de nous retrouver dans des situations similaires à la précédente, car nous avons peur de souffrir à nouveau. Peut-être que le nouveau partenaire est la meilleure personne au monde et qu'il n'a rien de toxique, mais à un niveau inconscient, nous sommes sur nos gardes, nous nous attendons presque à des attitudes toxiques de sa part, parce que pendant plusieurs années, nous avons vécu une relation qui se caractérisait exactement par ce type d'attitude. Nous pouvons alors ressentir de l'anxiété, de la tristesse, de la peur ou encore de la dépression, même si rien ne se passe dans la relation actuelle qui nous donne une raison de nous sentir ainsi.

La fin d'une histoire d'amour a toujours un impact assez fort sur nous : parfois nous en sommes conscients, d'autres fois ces cicatrices sont invisibles, même pour nous-mêmes. Dans certains cas, une véritable « obsession » pour l'ex-partenaire se développe : nous pouvons être parfaitement conscients que cette personne n'était pas faite pour nous, mais nous ne pouvons pas nous empêcher de songer à l'époque où nous étions avec elle. Cela se produit encore plus facilement si c'est l'autre personne qui a mis fin à la relation : alors que vous pensiez que tout allait bien, vous êtes soudain abandonné. De fait, vous vivez maintenant la relation avec votre nouveau partenaire avec un attachement presque morbide, craignant qu'il en ait assez de vous et vous quitte sans raison apparente.

Dans un tel scénario, souffrir d'un attachement anxieux est naturel, surtout si vous demeurez avec ce problème depuis longtemps. Il est en effet bien connu que notre passé influence la façon dont nous voyons et vivons le présent. Prenons un autre exemple : considérons que c'est vous qui avez quitté votre partenaire, car la relation était toxique ou, tout simplement, parce qu'il y avait des problèmes selon vous insurmontables. Vous vous attendiez peut-être inconsciemment à ce que l'autre personne vous supplie de rester, vous promette de changer pour votre bien ou d'essayer de renouer le contact quelque temps plus tard. Or, au lieu de cela, elle a disparu dans la nature, vous faisant réaliser qu'elle ne se souciait pas autant de vous qu'elle le sous-entendait. Cette prise de conscience, inattendue, peut déclencher des attitudes typiques d'un attachement anxieux. Tout d'abord, rappelez-vous que si vous voulez avoir des relations saines, à tout moment, vous ne pouvez pas vous attendre à ce que les gens changent. Avoir des attentes, surtout élevées, envers quelqu'un d'autre signifie généralement faire face à des déceptions tout aussi importantes. Vous êtes vous et l'autre personne est elle-même : même si c'est parfois difficile, vous devez vous rappeler qu'elle ne réagira pas nécessairement de la même manière que vous dans une situation donnée, qu'elle n'est pas non plus obligée de se comporter à l'image du partenaire de vos rêves, ou ainsi que vous l'attendez. Pour vivre une relation saine, vous devez apprendre à comprendre que l'autre est, en effet, une entité distincte de vous, avec ses propres caractéristiques et que vous devez l'accepter tel qu'il est. Si vous ne voulez pas ou ne pouvez pas l'admettre - par exemple, dans le cas d'un partenaire violent – ces raisons peuvent vous pousser à vous éloigner de lui et à mettre fin à votre relation.

Un voyage dans le passé

Comme nous l'avons déjà dit, le passé influence le présent. Que vous ayez un partenaire ou que vous soyez célibataire, si vous souhaitez mieux analyser la situation dans laquelle vous vous trouvez actuellement, vous pouvez effectuer cet exercice. En faisant une sorte de voyage dans le passé, en retraçant les histoires d'amour vécues jusqu'à présent, vous obtiendrez une sorte de carte composée de lignes directrices qui vous aideront à comprendre pourquoi vous souffrez aujourd'hui d'un attachement anxieux. Gardez à l'esprit que, comme nous l'avons expliqué dans le chapitre correspondant, l'attachement anxieux n'a souvent pas pour origine une histoire d'amour avec un partenaire, mais plutôt des problèmes dans la relation avec les parents (en particulier la mère) au cours de l'enfance. Malgré cela, et précisément parce que le passé nous fournit une paire de lunettes à travers laquelle nous voyons et interprétons la réalité dans laquelle nous vivons aujourd'hui, il est important de prendre en considération les différentes relations amoureuses que vous avez connues jusqu'à présent.

- Identifiez les histoires d'amour saines. Ce n'est pas parce qu'une histoire d'amour a pris fin qu'elle était malsaine. Il arrive parfois que des événements extérieurs obligent deux personnes à se séparer physiquement. Pensez à un déménagement à l'étranger de l'un d'entre eux, ou à une maladie grave entraînant la mort.
- Repérez les partenaires qui vous ont appris quelque chose. Même si l'eau a coulé sous les ponts, essayez de détecter

ceux de vos ex qui vous ont enseigné quelque chose. Par exemple, Marc vous a aidé à devenir plus indépendant, Hélène à croire davantage en vous et Julien qui était tant passionné de sport, vous a fait découvrir votre passion pour les motos.

- Prenez conscience de l'importance de votre relation avec vos parents. Comme expliqué précédemment et longuement détaillé, même s'il vous semble sur le moment qu'il n'y a pas de corrélation entre votre relation avec vos parents et votre relation avec vos partenaires, sachez que, dans la plupart des cas, elle existe bel et bien. Prenons un exemple. Enfant, Amélie a eu constamment une relation problématique avec son père, divorcé de sa mère, qu'elle voyait occasionnellement et qui la faisait se sentir pour une moins que rien. En grandissant, Amélie a toujours eu des relations avec des hommes qui, dans une certaine mesure, se comportaient comme son père. Elle recherchait en général auprès d'eux l'approbation et l'amour, un peu comme elle le faisait systématiquement, sans jamais vraiment l'obtenir, auprès de son père. En outre, nos parents nous ont fourni le premier modèle de couple. Dans nos souvenirs d'enfance, si nous voyons notre père et notre mère se chérir, se soutenir mutuellement et que nous savons qu'ils ont toujours tout fait pour s'aider et s'aimer, nous pouvons avoir une image positive de l'amour qui nous servira à avoir, à notre tour, des relations saines. En revanche, si nos parents se sont séparés ou ont divorcé et que cela a déclenché toute une série de chantages et de problèmes qui ont pu impliquer d'autres membres de la famille, ou si, bien que vivant sous le même toit, il n'y avait pas de véritable relation entre les deux parents, ou encore si l'un des deux était violent verbalement et/ou physiquement envers l'autre, cela peut influencer la manière dont nous avons construit notre idée des relations et de l'amour en tant qu'enfants. Par conséquent, une fois adultes, nous risquons de nous retrouver dans des relations malsaines.

Pourquoi répétons-nous parfois les erreurs du passé ?

Revenons à l'exemple d'Amélie qui a une relation problématique avec son père depuis l'enfance et qui, à partir de l'adolescence, a non seulement collectionné toute une série d'histoires d'amour qui se sont mal terminées, mais qui se caractérisent également par les mêmes problèmes ou, mieux encore, les mêmes schémas. Peut-être qu'à un niveau plus ou moins conscient, Amélie reconnaît que quelque chose ne va pas dans sa relation avec ses partenaires, ou encore trouve-t-elle que cela est dû à la relation malsaine qu'elle entretient avec son père ? Pourtant, malgré cela, elle ne sait pas comment sortir de cette sorte de cercle vicieux. Même si elle aimerait avoir à ses côtés un homme qui partage ses idéaux et ses valeurs, qui l'accepte et l'apprécie pour ce qu'elle est, en réalité, elle continue à accumuler des partenaires très semblables à ceux qu'elle a déjà eus dans le passé, présentant des traits communs avec la figure paternelle. On dit souvent que si nous voulons changer notre présent et notre avenir, nous devons d'abord modifier notre état d'esprit ; cela s'applique à tous les moments de notre vie, et pas seulement aux relations amoureuses. En effet, l'état d'esprit - c'est-à-dire la mentalité - est ce qui détermine les choix que nous faisons chaque jour, ainsi que les mots que nous prononçons et les pensées que nous avons. Par conséquent, tant que nous ne changerons pas d'état d'esprit, nous continuerons à suivre le même chemin et nous nous retrouverons, à chaque fois, dans des situations similaires ou identiques à celles que nous avons connues auparavant.

Parfois, nous recherchons des partenaires qui ressemblent le plus possible à ceux que nous avons eus dans le passé, ou à un ex en particulier. Vous étiez sans doute convaincu que cette personne était faite pour vous, mais elle vous a quitté et vous n'arrivez pas à vous en remettre. C'est alors que, de manière plus ou moins inconsciente, vous commencez à en chercher une qui lui ressemble. Si ce n'est pas le cas, vous voulez peut-être que votre partenaire actuel se comporte le plus possible de la même manière que celle qui vous a quitté et vous êtes frustré lorsque ce n'est pas le cas. Dans d'autres cas, nous projetons sur notre partenaire actuel les défauts de nos partenaires précédents. Il va sans dire que le fait de vouloir que la personne avec laquelle nous sommes en couple ressemble d'une manière ou d'une autre à notre ex, ou qu'elle en soit une version « améliorée », entraîne toute une série de problèmes, précisément parce que chaque individu est unique.

Comment gérer les expériences de couple passées

Si vous vous êtes déjà retrouvé dans un ou plusieurs de ces scénarios, vous vous demandez probablement comment sortir de cette situation. Examinons un certain nombre de conseils pratiques pour faire les premiers pas dans cette direction :

- Changez votre état d'esprit. Nous en avons déjà parlé un peu plus haut, mais le changement d'état d'esprit est une étape clé dans la transformation de votre relation. Pour ce faire, vous aurez besoin de temps, de répétition et d'engagement, mais à long terme, vous commencerez à voir les premiers résultats. Nous sommes tous régis par des schémas mentaux que nous pensons être les nôtres, mais qui, dans la plupart des cas, ne le sont pas. Ils sont en fait le résultat de croyances qui nous ont été inculquées par d'autres personnes, principalement des parents ou d'autres figures de référence pendant l'enfance. Si, par exemple, vous avez grandi dans une famille où tout le monde vous donnait l'impression d'être un incapable, vous êtes aujourd'hui susceptible de vous sentir ainsi, et lorsque vous abordez des partenaires potentiels, vous le faites en fonction de cette croyance qui a désormais adhéré à la partie inconsciente de votre esprit et qui est devenue votre schéma mental habituel. Pour changer votre approche de vos partenaires présents ou potentiels, vous devez d'abord travailler sur vous-même pour vous rendre compte qu'en réalité, vous n'êtes pas un incapable et que vous méritez l'amour comme n'importe quelle autre personne.
- Méfiez-vous de vos jugements. Nous choisissons souvent un partenaire en fonction de nos propres jugements, quand, par

exemple, nous décidons de sortir avec François plutôt qu'avec Michel parce que le premier s'habille bien, a un compte en banque florissant et est également gentil. Nous formulons immédiatement un jugement positif à son égard, avant de découvrir que François s'est probablement enrichi grâce à des actions illégales, que toute cette gentillesse n'est qu'une façade et que, lorsqu'il est chez vous sans personne à impressionner, il est grossier et distrait. Encore une fois, il est important d'apprendre à apprécier les gens par soi-même, sans se laisser influencer par les croyances et les opinions des autres que nous avons peut-être déjà faites nôtres au fil des ans. Si les parents de Marie lui ont toujours dit d'épouser un homme riche, afin d'être rassurée et d'éviter des situations désagréables comme celles qui ont caractérisé son enfance, elle peut évaluer ses partenaires potentiels en fonction de leur compte en banque, convaincue que le fait d'avoir un compte prospère est la garantie d'une vie sûre ou d'une histoire d'amour digne de ce nom.

- Impliquez-vous sans renier le passé. C'est peut-être l'étape la plus difficile et, pour cette raison, elle devrait avoir lieu une fois que vous avez bien avancé dans votre travail de changement d'état d'esprit. Dès que vous avez commencé à abandonner des schémas mentaux négatifs, parfois carrément nocifs qui ne sont pas de votre fait, vous pouvez démarrer à vous impliquer sans renier les relations passées, mais aussi sans les laisser vous influencer outre mesure. Prenons un cas très courant. Juliette a connu trois relations amoureuses problématiques. La dernière spécifiquement a été désastreuse avec un partenaire qui, au fil des années, s'est révélé toxique et en est venu à l'agresser verbalement. Juliette est traumatisée par toutes ces expériences, en particulier la dernière qui pourrait même avoir laissé des séquelles longues et douloureuses. Elle décide donc de ne plus fréquenter personne. Juliette a des amis, mais ne cherche plus de partenaire de vie, parce qu'elle est trop déçue, blessée et détruite par ses relations passées. Dans ce cas, elle est écrasée par la négativité qu'elle associe à ses trois relations passées, en particulier la dernière ; le conseil est d'essayer d'évaluer ces aspects négatifs pour éviter qu'ils ne l'anéantissent. De cette façon, vous redeviendrez curieux l'un de l'autre, et avec le temps, vous voudrez peut-être vous tester à nouveau en entamant une nouvelle relation.

Lorsque le passé est fait de relations compliquées avec l'un ou les deux parents et/ou de relations amoureuses qui se sont mal terminées, éventuellement caractérisées par des périodes vraiment difficiles et douloureuses, il est normal que l'estime de soi baisse également. Dans le prochain chapitre, nous parlerons de l'estime de soi et de ce que vous pouvez faire pour commencer à vous sentir plus confiant.

4

LE RÔLE DE L'ESTIME DE SOI

Nous entendons beaucoup parler d'estime de soi, à chaque étape de notre vie, mais nous ne nous arrêtons pas toujours pour réfléchir à ce que nous comprenons exactement par l'utilisation de ce terme. L'estime de soi est l'ensemble des jugements évaluatifs que chacun d'entre nous porte sur lui-même. Ainsi que nous l'avons déjà vu, nous sommes tous influencés par le passé, que ce soit en amour ou dans d'autres domaines de la vie. Une personne qui a été élevée dans la critique et la moquerie pendant son enfance deviendra probablement un adulte avec une faible estime de soi.

La bonne nouvelle, c'est que l'estime de soi peut se construire à tout âge. Elle incarne un rôle crucial dans notre vie, nous permettant d'être plus ou moins heureux et satisfaits, et elle joue également un rôle important dans les relations amoureuses.

Estime de soi élevée ou faible

Avant de parler d'estime de soi élevée ou faible, il faut considérer le moi idéal. Il correspond à ce que l'individu voudrait être. Son pendant est le moi réel qui est ce que l'individu est. Simone aimerait être plus gaie, plus charismatique et plus aventureuse, mais son moi réel lui montre qu'en ce moment, elle est toujours préoccupée par ses examens universitaires, qu'elle est très timide et qu'elle a peur de chaque petite chose nouvelle. Il est facile de voir, grâce à cet exemple, à quel point le moi idéal et le moi réel sont souvent très écartés l'un de l'autre. Plus nous nous sentons éloignés de notre moi idéal, plus notre estime de soi est faible.

L'estime de soi est donc élevée lorsqu'il y a peu d'écart entre le moi réel et le moi idéal. Dans ce cas, la personne sait qu'elle n'est pas parfaite, mais qu'elle a, comme tout le monde, des défauts et des qualités. Elle travaille alors à améliorer les premiers et apprécie les secondes. Par conséquent, une personne ayant une haute estime d'elle-même a confiance en ses capacités, est autonome et ouverte sur le monde extérieur.

Une faible estime de soi, en revanche, survient lorsqu'il y a une forte divergence entre le moi réel et le moi idéal. Les personnes ayant une faible estime de soi se révèlent souvent démotivées, ne se concentrent que sur leurs défauts et sont incapables de voir leurs points forts. Ces personnes ont généralement peur d'être rejetées par les autres. C'est pourquoi, lorsqu'on parle d'attachement anxieux qui se caractérise également par la peur d'être abandonné et/ou de ne plus être aimé, il faut considérer que, en général, la personne qui en souffre a une faible estime d'elle-même. Les personnes qui ont une faible estime d'elles-mêmes refusent parfois de participer à des événements, même les plus anodins, comme un dîner d'entreprise ou l'anniversaire d'un petit-enfant, de peur d'être repoussées par les autres ou de ne pas être à la hauteur de leurs attentes/situations. Il est facile de comprendre que la vie de ces personnes est une sorte de parcours en terrain miné et qu'elles se contraignent souvent à passer beaucoup de temps à la maison, sans jamais rien faire de nouveau, convaincues qu'elles éviteront ainsi les situations où elles pourraient être rejetées. Lorsqu'elles doivent atteindre un objectif, que ce soit dans le domaine professionnel ou dans d'autres domaines de la vie, ces personnes-là ont tendance à abandonner beaucoup plus tôt que celles qui ont une haute estime d'elles-mêmes. Si, par exemple, Stéphanie qui a une faible estime d'elle-même, veut changer d'emploi, elle risque de laisser tomber si personne ne répond à ses candidatures après seulement cinq jours d'efforts ou si elle pense à l'insécurité qu'elle ressentira quand elle n'aura plus de salaire garanti. Son amie Adriana est dans la même situation, mais elle a une haute estime d'elle-même. Elle ne se contente donc pas d'envoyer des candidatures, elle sort, rencontre de nouvelles personnes et de nouveaux lieux, se met en réseau en ligne et hors ligne, propose ses idées et n'abandonne pas au bout de cinq jours seulement. Même l'idée de se retrouver sans salaire pendant un certain temps ne l'effraie pas car elle a de l'argent de côté et parce qu'en cas de besoin, elle pourrait trouver des solutions comme faire les saisons, partir à l'étranger ou collaborer avec l'un de ses nombreux contacts.

Pourquoi il est important d'avoir une bonne estime de soi

Améliorer son estime de soi est possible, quels que soient son âge, sa situation actuelle et son passé. Cependant, cela demande du temps, de la répétition et de l'engagement, et de nombreuses personnes abandonnent avant même d'avoir essayé, convaincues que cela ne changerait pas grand-chose à leur vie. En réalité, acquérir une haute estime de soi signifie se perfectionner soi-même et améliorer sa vie. Voyons pourquoi il est essentiel d'avoir une bonne estime de soi pour vivre une vie plus heureuse et plus épanouie en amour, mais aussi dans d'autres domaines :

- Sentez-vous bien dans votre peau. Si vous vous sentez souvent fatigué, frustré, insatisfait ou démotivé, vous êtes probablement loin de votre moi idéal et avez donc une faible estime de vous-même. Les personnes qui ont une bonne estime de soi se sentent bien dans leur peau et savent qu'elles ont de la valeur. Cela ne signifie pas qu'elles ne commettent jamais d'erreurs ou qu'elles sont à l'abri de la souffrance et de la colère ; au contraire, cela indique qu'elles font face à la vie sans être bloquées par la peur de l'échec ou d'être rejetées par les autres.
- Une fois que vous avez commencé à travailler sur vous-même pour améliorer votre estime de soi, vous ne pouvez

plus revenir en arrière. Cela signifie que vous aurez entamé un processus durable qui vous rendra de plus en plus performant.

- Une personne ayant une haute estime d'elle-même s'aime, est en paix avec elle-même, et par conséquent, accomplit ses activités et ses tâches quotidiennes de manière plus saine qu'une personne ayant une faible estime d'elle-même.

Le lien étroit entre l'estime de soi et les relations affectives

Qu'il s'agisse de vos relations avec votre famille, vos amis ou votre partenaire, sachez que l'estime de soi - ou l'absence d'estime de soi - joue un rôle clé dans l'établissement de relations interpersonnelles saines et épanouissantes. La personne qui en est privée a en effet tendance à chercher dans l'autre la base de son acceptation. Celle ayant une haute estime de soi, en revanche, sait par elle-même qu'elle n'est pas parfaite, mais qu'elle en vaut la peine. En outre, les individus ayant une faible estime de soi ne connaissent pas générale-ment leurs propres besoins ou pensent peut-être les connaître. Or, en réalité, ces besoins ne sont pas les leurs, mais leur ont été inculqués par d'autres personnes ou par la société. Dans ce contexte, il est facile de comprendre que les personnes ayant une faible estime d'elles-mêmes ne savent souvent pas qui est le « bon » partenaire pour elles, parce qu'elles n'ont aucune idée de ce qu'elles veulent ou ce dont elles ont besoin. Enfin, si nous ne sommes pas les premiers à nous aimer, à nous respecter et à avouer que nous valons et méritons l'amour, nous ne pouvons pas attendre des autres qu'ils le fassent. C'est pourquoi de nombreuses personnes ayant une faible estime d'elles-mêmes se retrouvent dans des relations où l'autre abuse d'elles, plus ou moins ouvertement.

Chacun a des attentes à l'égard de sa propre vie. Les personnes ayant une faible estime de soi ont des attentes négatives et vivent leurs journées en ressentant constamment de l'anxiété et en se sentant inadéquates dans diverses situations. En général, ce type de personne limite ses propres expériences, ne sort pas de sa zone de confort et s'engage avec peu de conviction afin de pouvoir se justifier en cas d'échec ou de manque de réussite. Tout cela conduit à un cercle vicieux, car moins la personne s'investit et se met en avant, moins sa vie sera satisfaisante et son estime de soi restera faible. Les personnes qui ont une haute estime d'elles-mêmes, en revanche, font tout leur possible pour vivre une vie riche et stimulante et ont des attentes positives à l'égard de leur propre existence. Ainsi, ces personnes se concentrent uniquement sur ce qui peut leur être utile, en ignorant délibérément le reste, et savent réagir sainement même face à d'éventuels échecs.

Pourquoi l'estime de soi est-elle importante dans les relations ?

Comme nous l'avons expliqué, les individus ayant une haute estime d'elles-mêmes ne recherchent pas la validation de leur partenaire, mais sont autonomes, conscients de leur propre valeur et ne souhaitent pas de manière obsessionnelle un partenaire pour se sentir comblés. Ceux ayant une faible estime de soi, en revanche, souffrent d'insécurité, de passivité et d'indécision. Parfois, dans un couple, les deux partenaires ont une faible estime d'eux-mêmes ou au contraire une forte estime, ou encore, l'un a une faible estime de soi tandis que l'autre a une forte estime de soi.

Dans le cas, par exemple, de deux personnes ayant une faible estime d'elles-mêmes, le couple est généralement incapable de faire face aux obstacles. Prenons un exemple. Deborah et Thomas sont mariés depuis cinq ans et sont tous deux des personnes à faible estime de soi. Ils se disputent sérieusement avec le frère de Thomas au sujet de l'héritage de leur père. Deborah et Thomas ne savent pas comment gérer le problème parce qu'ils sont, en fait, deux personnes à faible estime de soi, avec les caractéristiques dont nous avons parlé jusqu'à présent. Ils décident alors de réagir avec une résignation improductive, par exemple en laissant le frère de Thomas disposer comme il le veut de l'ensemble de l'héritage.

Au sein d'un couple, il est donc important que les deux personnes aient une haute ou au moins une bonne estime d'elles-mêmes, afin qu'elles puissent devenir intimement proches. Dans ce cas, les deux partenaires se sentent déjà des personnes valables et satisfaites, c'est-à-dire qu'ils n'ont pas besoin de trouver «l'autre moitié de la pomme» et de s'y accrocher comme à une bouée lors d'un naufrage. Ce type de personne est capable de se montrer complètement à l'autre, avec ses forces et ses faiblesses, avec ses points forts mais aussi ses zones d'ombre, précisément parce qu'elle peut compter sur une bonne connaissance et acceptation d'elle-même et sur sa propre validation.

5

CRITIQUES EXCESSIVES ET BRIMADES

N ous sommes tous confrontés à la critique qui peut venir des autres, c'est-à-dire du monde extérieur, ou de nous-mêmes. Parfois, la critique est constructive, c'est-à-dire qu'elle souligne ce qui ne va pas d'une manière positive, efficace et utile, mais dans la plupart des cas, elle peut se révéler blessante. Parfois encore, derrière la critique, il peut y avoir de l'envie ou une faible estime de soi de la personne qui critique. D'autres fois, au contraire, le déclencheur de la critique est la malveillance pure et simple ou le fait d'être un individu toxique qui veut démolir émotionnellement l'autre personne, peut-être pour son propre bénéfice personnel.

Comme nous l'avons vu précédemment, chacun d'entre nous est d'une certaine manière affecté par ce qu'il a appris tout au long de sa vie, principalement pendant l'enfance. Enfant ou adolescent, si vous avez été exposé à des épisodes de harcèlement, il est probable que ceux-ci vous ont poussé à développer un esprit critique excessif et vous ont transformé en votre pire ennemi. Si c'est le cas, ne vous inquiétez pas, parce que ce n'est pas aussi rare qu'il n'y paraît et avec un travail sur vous-même, éventuellement accompagné par un professionnel, vous pouvez en dénouer les nœuds. Une fois que vous aurez identifié les raisons de votre tendance à vous critiquer excessivement, vous pourrez commencer à prendre les premières mesures pour reprogrammer votre état d'esprit et arrêter de vous fustiger si fréquemment et si durement. La critique excessive peut également conduire au développement d'un attachement anxieux : nous pensons en effet ne pas être des personnes de valeur, ne méritant pas l'amour, l'affection ou l'amitié, et nous nous attachons donc à notre partenaire, à un membre de notre famille ou à un ami, terrifiés à l'idée qu'ils puissent cesser de nous aimer ou qu'ils puissent s'éloigner de nous pour toujours.

Parlons de l'autocritique

L'autocritique n'est pas mauvaise en soi, car elle nous permet de nous évaluer, d'estimer notre comportement, nos choix et nos paroles. Elle nous aide également à réaliser si nous vivons une vie authentique, par exemple en adoptant un comportement conforme à nos vraies valeurs, ou si, au contraire, nous nous laissons influencer par les autres et les événements. Une autocritique constructive nous empêchera de déraper, tandis qu'une autocritique négative risque de nous causer de nombreux problèmes dans nos relations avec les autres. Examinons les principales différences entre une autocritique saine et une autocritique négative :

Autocritique saine :

- Elle nous permet d'évaluer notre comportement et nos pensées afin de travailler sur les points sur lesquels nous nous sommes critiqués. Exemple : Emmanuelle fait une saine autocritique en se disant qu'elle est trop désordonnée. En fait, sa maison ressemble à un champ de bataille. À partir de là, elle élabore une stratégie pour mieux organiser les choses, en commençant par nettoyer et jeter tout ce qui est superflu.

Autocritique négative :

- L'autocritique négative est constante ou du moins fréquente au cours de la journée. Imaginez-la comme une petite voix qui vous critique constamment pour tout, même la plus petite chose. Elle vous dit que l'écharpe que vous portez aujourd'hui vous fait ressembler à une vieille femme, que vous serez toujours en retard au travail car vous n'êtes pas assez malin pour savoir quand passe le bus, que vous vous ridiculiserez sûrement lors de la présentation de l'entreprise et que le nouveau collègue qui vous plaît ne vous regardera aucunement parce que vous êtes trop laid, nonchalant et disgracieux. Voyez-vous comment l'autocritique négative ne sert à rien et, au contraire, s'avère souvent néfaste ? Elle menace continuellement votre estime de soi, la diminuant à chaque mot.

Pour vaincre l'autocritique négative, il est important de travailler sur son état d'esprit, en identifiant les schémas mentaux qui déclenchent un tel courant de pensée oppressif. Comme nous l'avons déjà précisé, l'origine du problème se trouve très probablement dans l'enfance. Si vous avez grandi en vous faisant dire que vous étiez laid ou lent d'esprit, à un moment donné, la croyance d'une autre personne a adhéré à la partie inconsciente de votre esprit, ce qui vous a amené à la faire vôtre et à y croire aveuglément. Une fois que vous avez identifié les schémas de pensée négatifs ou même dysfonctionnels, notez-les sur une feuille de papier et commencez à changer votre façon de penser pour les saper et les remplacer par des schémas plus utiles et positifs. Là encore, si vous le préférez, vous pouvez demander l'aide d'un professionnel. Enfin, tâchez également de modifier votre dialogue intérieur en vous parlant comme à une personne que vous aimez et essayez de discuter avec vous-même de la même manière qu'avec un enfant, un partenaire ou un ami proche.

Critiques excessives et brimades

Certes, les problèmes d'autocritique négative ou de faible estime de soi commencent souvent dans l'enfance et dans le contexte familial, mais ils sont parfois exacerbés lorsque la personne est exposée à des brimades. Malheureusement, ces dernières semblent avoir augmenté ces derniers temps et les intimidateurs sont de plus en plus jeunes. Des reportages montrent que des collégiens vont jusqu'à offenser ou agresser physiquement d'autres jeunes, voire des enseignants ou d'autres personnes de l'environnement scolaire.

Si vous êtes régulièrement exposé aux insultes, aux blagues, à la violence physique et à toute autre forme de harcèlement, ou si vous avez souffert de harcèlement dans votre enfance, il est possible que vous ayez développé une critique excessive de vous-même, que vous vous dévalorisiez constamment, que vous ressentiez une très faible estime de vous-même, que vous souffriez d'une insécurité pathologique et que vous nourrissiez des pensées négatives sur vous-même et sur vos capacités. Tout cela vous pousse à vous isoler et à vous renfermer, ou du moins à vouloir le faire, et vous pensez que tout le monde est là pour vous juger. C'est pourquoi vous ne participez pas à la fête de l'entreprise, convaincu que si vous y alliez, les autres se moqueraient de vous. Vous êtes en effet persuadé qu'ils sont meilleurs que vous, ce qui vous empêche de vous ouvrir à eux. Enfin, vous pouvez souffrir d'un excès d'émotivité, d'hypersensibilité et d'attachement anxieux. Dans ce cas, vous vous attachez excessivement aux personnes que vous aimez, comme un parent, un partenaire, un enfant ou un ami. Même si les brimades ont eu lieu il y a de nombreuses années, il n'est pas rare que vous en subissiez encore les conséquences. Pour vous en débarrasser, vous devez entamer une démarche avec un professionnel et commencer à dépasser vos schémas de pensée actuels qui vous font croire tout ce que les tyrans vous ont dit.

Anxiété d'abandon : le problème de « ne jamais se croire assez bien » et la croyance de n'être qu'un choix de repli

Votre partenaire, avec qui vous êtes depuis trois mois, s'appelle Anthony et il est pratiquement parfait. Plus vous le regardez et plus vous passez de temps avec lui, plus vous n'arrivez pas à comprendre comment il a pu vous élire comme femme à ses côtés. Vous vous persuadez alors qu'il vous a choisie pour une raison qui n'a rien à voir avec l'amour. Par exemple, parce qu'Anthony adorerait travailler dans l'entreprise de votre père ou bien parce qu'il vient de rompre, mais comme vous êtes convaincue qu'il aime encore son ex, vous croyez qu'il s'est installé avec la première venue.

Cet exemple nous conduit à comprendre que, souffrant d'une angoisse d'abandon, nous avons tendance à ne jamais nous croire suffisamment bien pour les autres. Cela nous amène à penser que les gens, en particulier notre partenaire, ne nous ont choisis que pour des raisons de commodité ou d'intérêt personnel. Nous sommes, en quelque sorte, un choix par défaut. Souvent, ce n'est pas du tout le cas ; notre partenaire nous aime et nous a choisis parce qu'il voit en nous des caractéristiques que nous ne sommes pas capables de remarquer nous-mêmes. Parfois, lorsque nous souffrons d'angoisse d'abandon, nous en venons à vivre notre vie en fonction du bonheur de l'autre. Reprenons l'exemple : Anthony est fan de football, vous l'accompagnez toujours voir son équipe préférée, même par mauvais temps et même si vous vous ennuyez à chaque fois. Pour les vacances, vous aimeriez visiter une capitale européenne, mais Anthony vous dit qu'il a besoin de se détendre ; vous réservez alors un hôtel près de la plage dans une station balnéaire. Si nous déplaçons ce problème au sein du couple, il est facile de voir comment la personne souffrant d'anxiété d'abandon qui veut toujours rendre l'autre heureux, finit souvent par se sentir coupable des problèmes de la relation. Si vous et Anthony travaillez beaucoup et que, lorsque vous vous retrouvez le soir au dîner, vous êtes tellement fatigués et pris dans mille pensées que vous vous parlez à peine, vous pensez alors que la faute est uniquement la vôtre et vous cherchez une motivation, parmi vos propres comportements, pour justifier cette froideur qui existe maintenant dans le couple.

L'angoisse d'abandon trouve généralement son origine dans l'enfance. Elle est souvent provoquée par des événements d'une certaine importance tels que le décès ou une longue hospitalisation de l'un ou des deux parents, mais elle peut aussi être déclenchée par l'exposition régulière à des reproches injustifiés, à des jugements négatifs ou à la négligence. L'enfant souffre et se sent incompris, ce qui est régulièrement le cas à l'âge adulte. En effet, de nombreux adultes vivent dans un état régulier de stress et d'angoisse provoqué précisément par la peur d'être abandonné par la ou les figures de référence. La personne s'efforce chaque jour de rendre l'autre heureux, de lui plaire, d'être « parfaite » pour ne pas lui donner d'excuses ou d'occasions de partir.

Comment surmonter l'angoisse de l'abandon

Si vous vous êtes trouvé dans l'une des situations décrites ci-dessus, ne vous inquiétez pas, car il est tout à fait possible de se débarrasser de l'angoisse d'abandon. Comme toujours, nous vous rappelons que le changement ne se fait pas du jour au lendemain, mais qu'il est l'aboutissement d'un parcours qui demande du temps, de l'engagement et de la répétition. Pour commencer, voici quelques conseils pratiques que nous vous proposons d'intégrer dès maintenant dans votre vie :

- Reconnaissez que vous êtes digne d'être aimé. Si jusqu'à présent vous avez toujours vécu avec la conviction de ne pas mériter l'amour, il ne vous suffira pas de vous dire « Je suis digne d'être aimé » pour provoquer le changement que vous souhaitez. Comme nous l'avons évoqué longuement, pour introduire une nouvelle habitude, il faut d'abord s'attaquer à la précédente. Tout changement commence dans la partie consciente de notre esprit. Au début, vous devrez donc faire appel à sa partie rationnelle pour consacrer des rendez-vous quotidiens à vous dire des affirmations positives (à la fin de ce livre, vous en trouverez plusieurs). Elles vous aideront à vous approprier le concept d'être digne d'être aimé. Avec le temps, ces affirmations, de préférence accompagnées d'attitudes qui démontrent que vous méritez effectivement l'amour, le vôtre et celui des autres, descendront dans la partie inconsciente de votre esprit et deviendront des habitudes.
- Acceptez vos peurs. Souvent, à la simple évocation de la peur, nous pensons qu'il s'agit de quelque chose de négatif, alors qu'en réalité la peur sert à nous permettre de fuir et de

nous sauver en cas de danger. Le problème de la peur est que nous l'éprouvons fréquemment même lorsque nous ne sommes pas confrontés à un problème objectif et imminent. Pour se débarrasser de ses peurs, il faut d'abord comprendre ce qui les a déclenchées. Il s'agit ensuite de remplacer ces pensées négatives par des pensées plus positives et réalistes. Pour vous accompagner sur ce chemin, optez pour un thérapeute qui vous inspire confiance et compétence.

- Apprenez à être bien seul. La plupart des gens pensent qu'être seul est quelque chose de négatif, synonyme d'incapacité à avoir des relations saines avec les autres ou de ne pas être accepté ou désiré par les autres. Se sentir bien dans sa peau est une étape fondamentale pour être bien avec les autres. Certaines personnes voyagent seules, ont simplement des activités pratiquées habituellement en couple ou en groupe, comme aller au cinéma ou au restaurant, uniquement seules, sans avoir honte ni peur d'aucune sorte. Être seul, c'est aussi avoir un moyen de travailler sur son chemin de vie. Vous pouvez pratiquer la méditation pour vous obliger à vivre davantage le moment présent et à gagner en clarté d'esprit. Vous pouvez entamer, seul ou avec un professionnel, un travail d'introspection qui vous aidera à identifier les déclencheurs de l'angoisse d'abandon.

- Ne courez pas après ceux qui s'enfuient. Votre ex vous a quitté, mais vous le relancez par des appels téléphoniques et des messages. Votre ami vous a dit qu'il devait faire une pause avec vous et tout le monde, mais vous l'attendez tous les soirs devant la maison. Ces comportements montrent que vous poursuivez des personnes qui, pour une raison ou une autre, quittent votre vie, que ce soit de manière permanente ou temporaire. Chacun est libre de faire ses propres choix, même s'il faut parfois beaucoup de recul pour l'accepter. Prenons un exemple : Suzanne vient d'apprendre qu'elle a un cancer du sein et son mari, Richard, la quitte parce qu'il ne peut pas faire face à la situation. Richard est libre de choisir quand et s'il veut s'enfuir, même si, objectivement, son comportement peut causer beaucoup de douleur à Suzanne et lui provoquer des problèmes pratiques. Poursuivre une personne pour la forcer à revenir vers vous, éventuellement par le chantage ou en faisant appel au chagrin, à la culpabilité ou à la responsabilité, est généralement contre-productif parce que la personne en question peut accepter de revenir ou de rester, mais seulement pour vous rendre service et non par besoin ou intérêt réel. Même si c'est difficile et douloureux, laissez donc partir les personnes qui s'éloignent de votre vie. Si elles le veulent, elles reviendront.

- Apprenez à identifier le côté positif du détachement. Lorsqu'on songe à un être cher qui s'éloigne de nous, peut-être pour toujours, l'angoisse nous empêche presque de respirer. La plupart d'entre nous pensent que le détachement est nécessairement négatif, mais il a aussi des aspects positifs, comme celui de nous permettre d'analyser, avec le temps, la situation et de comprendre ce qui ne va pas. Dans l'exemple de Suzanne et Richard, son éloignement au moment où Suzanne en a besoin peut révéler des problèmes dans la relation qui étaient restés cachés. Cela peut aussi signifier qu'en réalité, Richard n'était pas suffisamment amoureux d'elle pour la soutenir dans ses difficultés. Plus le temps passe, plus vous serez en mesure de voir les motivations derrière le détachement de cette personne et d'utiliser les émotions qu'elle vous fait ressentir comme un stimulus pour évoluer vers de meilleures situations.

6

COMMENT L'ATTACHEMENT ANXIEUX AFFECTE VOS RELATIONS

Comme nous l'avons déjà vu, l'attachement anxieux qui résulte généralement d'une relation problématique avec les parents, en particulier la mère, pendant l'enfance, affecte aussi les relations à l'âge adulte. Bien qu'on évoque le plus souvent les conséquences possibles dans une relation de couple, certaines de vos relations amicales, celles avec vos enfants, votre famille élargie ou vos collègues peuvent également être déséquilibrées.

L'attachement anxieux vous rend victime d'un certain nombre de caractéristiques et de comportements qui, à long terme, peuvent nuire à la santé de vos relations. En effet, bien que vous n'en soyez pas toujours conscient, ces facteurs déterminent votre comportement avec les autres. Examinons-en les principaux afin que vous puissiez prendre conscience de ce qui vous sépare des autres et faire ainsi le premier pas vers des relations saines.

Appréhension excessive

L'attachement anxieux peut entraîner une appréhension permanente, même lorsqu'il n'y a aucune raison logique de l'être. En général, l'appréhension excessive est liée à une forte peur de l'abandon qui prend en charge la gestion et le contrôle de votre psychisme. Si c'est votre cas, vous êtes au fond de vous réticent à l'idée de dépendre de quelqu'un ou de quelque chose, mais vous n'en êtes pas pleinement conscient. Dans cette situation, il est conseillé de consulter un psychothérapeute qui peut également prescrire un traitement médicamenteux. La psychothérapie peut vous servir à travailler sur les causes de votre angoisse d'abandon, vous aider à vous sentir plus en sécurité sur le plan émotionnel afin d'avoir des relations plus épanouissantes et plus gratifiantes.

Manque d'enjeux et plaisir inconditionnel des gens

Peut-être vous plaignez-vous aussi régulièrement, du fait que votre patron vous appelle en dehors des heures de travail, parce que votre amie vous oblige à l'accompagner au cinéma tandis que vous aviez déjà organisé votre dimanche après-midi, etc. Dans ces contextes, vous reportez la responsabilité sur des réalités extérieures à vous, c'est-à-dire sur les autres, alors que vous devriez plutôt diriger l'attention vers vous-même. En effet, c'est vous qui, en ne visant pas d'enjeux et/ou en ayant tendance à toujours souhaiter faire plaisir aux gens, avez permis au patron de vous appeler même à une heure du matin, et à votre amie de considérer comme acquis que vous iriez au cinéma avec elle, renonçant à tout projet alternatif de votre côté.

Fixer des limites dans sa vie et dans ses relations est primordial si l'on ne veut pas se laisser entraîner dans un tourbillon de tâches qui, à la longue, nous fatiguent et risquent de nous rendre malades. Beaucoup d'entre nous, en particulier les femmes, hésitent à fixer des limites parce que la société nous enseigne qu'il faut toujours être à la disposition de l'autre. Bien qu'aujourd'hui nous soyons loin du modèle féminin d'autrefois, la femme au foyer, dont la fonction était exclusivement de se marier, d'enfanter et de s'occuper de la maison, dans la mentalité collective, la femme est encore régulièrement, bien plus que l'homme, celle qui doit se sacrifier pour l'autre. Celle qui revendique ou prend du temps pour elle est souvent taxée d'égoïsme. Et voilà que, face à la peur d'un tel jugement, vous abandonnez toute idée de consacrer vos samedis soir à vos passions. Vous passez ainsi des heures au téléphone à écouter cette collègue qui ne vous aide jamais au bureau, et ne sait pas comment avancer dans le projet sur lequel elle travaille.

À ce stade, il est nécessaire d'introduire le concept d'« égoïsme sain » qui n'a rien à voir avec l'opportunisme. L'égoïsme sain est celui qui nous permet de nous réserver du temps pour nous-mêmes, même pour ne rien faire, sans nous sentir coupables. La plupart des gens ne sont pas éduqués avec ce concept, si bien que beaucoup finissent par être esclaves d'un système qui veut toujours plus, avec pour seul résultat qu'ils sont incapables de poser des jalons et de les respecter.

Fixer des limites, c'est donc tracer avec les autres et avec soi-même des frontières à ne pas franchir, car elles nous protègent à la fois mentalement et physiquement. Définir des limites augmentera votre niveau d'estime de soi et vous aidera à avoir de meilleures relations. Pour commencer, essayez d'en poser une, et une fois que vous aurez appris à la respecter, vous pourrez en fixer une autre et ainsi de suite. Par exemple, dites à tout le monde que le samedi soir est un moment que vous ne voulez consacrer qu'à vous, ou annoncez à votre patron qu'il ne peut pas vous appeler après les heures de bureau (non, il ne vous renverra pas !).

Le plaisir des autres peut se traduire par notre besoin de plaire aux autres. On nous apprend souvent, quand nous sommes enfants, que pour obtenir plus dans la vie, il faut convenir aux autres, de sorte que le « *people-pleaser* » devient celui qui fait passer les besoins des autres avant les siens. Il ne s'agit évidemment pas du moment où vous décidez de consoler votre sœur parce que son petit ami l'a quittée, ou lorsque vous aidez votre mari à ouvrir sa start-up. Le « *people-plea-ser* » se définit plutôt comme une attitude permanente dans laquelle vous vous mettez de côté ainsi que vos propres besoins pour honorer ceux des autres, sans conditions ni restrictions. Ce comportement peut être causé par une forte insécurité accompagnée d'une faible estime de soi, par le fait de ne jamais se croire suffisamment bien pour les autres, au point de s'annuler soi-même parce qu'on pense ne pas mériter autant d'attention.

Pour sortir de votre bulle de *complaisance*, commencez à fixer des objectifs et à vous y tenir. Ne soyez pas toujours là pour tout le monde. Au début, vous vous sentirez peut-être coupable, surtout si les autres (habitués à vous voir constamment prêt à leur venir en aide) vous accusent d'être égoïste, mais serrez les dents et allez de l'avant. Vous apercevrez bientôt les avantages d'un corps et d'un esprit bien protégés et respectés. D'autre part, il demeure également important que vous déterminiez qui vous voulez aider. Il est en effet impossible de secourir tout le monde, et si vous l'avez fait jusqu'à présent, vous savez à quel point c'est épuisant. Si vous voulez aider vos amis et votre famille, très bien, idem si vous choisissez la même chose pour les enfants de l'école où vous enseignez, mais n'en faites pas trop et n'incluez pas tout le monde, sinon vous risqueriez de vous annuler dans l'autre. Pour débuter, effectuez de petits changements dans votre vie, par exemple en commençant à dire « Non » aux demandes d'aide qui ne correspondent pas à celles que vous avez décidé d'accepter ou en expliquant clairement aux autres quelles sont vos limites et comment, dorénavant, vous les respecterez.

Réflexion excessive

Overthinking est un terme anglais que l'on peut traduire par « penser trop ». Ce comportement est souvent nuisible, car au lieu de mener à une solution, ces pensées agissent comme une sorte de disque rayé qui se répète sans cesse, draine votre énergie, devient une cause de stress et d'anxiété en exagérant tous les faits auxquels elles sont liées. Si vous vous êtes disputée avec votre petit ami ou si le patron vous a dit que l'entreprise est en mauvaise posture et qu'elle devra licencier quelqu'un la semaine prochaine, vous ne cessez de repenser à ces événements. L'overthinking n'est pas toujours pathologique, mais si vous vous retrouvez à penser constamment à un événement, au point de vivre votre vie quotidienne avec inconfort, on peut donc parler d'un phénomène de cette nature. Les personnes qui souffrent d'overthinking pathologique ressentent généralement le besoin de tout contrôler et de ruminer de manière obsessionnelle chaque problème, convaincues qu'elles trouveront ainsi une solution, alors que dans la plupart des cas, cela ne conduit qu'à une exagération du problème.

Dans le cas de la dispute avec votre petit ami, vous pouvez penser qu'il ne vous aime pas et qu'il veut vous quitter, lorsqu'il ne s'agit que d'un accrochage dû au fait que vous êtes tous les deux très stressés au travail. Pour vous débarrasser des pensées excessives, qu'elles vous accompagnent en permanence ou qu'elles ne se manifestent que lors de périodes particulièrement stressantes, vous pouvez entamer un parcours ciblé avec un spécialiste et consacrer quelques minutes par jour à la méditation. Pour commencer, pratiquez la pleine conscience depuis chez vous, en recourant aux nombreuses vidéos dédiées que vous pouvez dénicher sur Internet ; cela vous aidera à vivre dans le « ici et maintenant » et à calmer votre esprit. Enfin, trouvez une distraction à laquelle vous pourrez vous adonner chaque fois que ces pensées anxieuses menaceront de refaire surface : faites une promenade dans la nature, pratiquez une activité physique, parlez à une autre personne (sans évoquer le problème), etc.

Jalousie

Levez la main si vous n'avez jamais été jaloux dans une relation. Tout à fait ! Lorsqu'on parle de jalousie, on pense généralement à une relation, mais on peut aussi être jaloux d'autres personnes auxquelles on tient, comme un parent (surtout quand on est enfant) ou un ami.

Dans la plupart des cas, la jalousie n'est pas pathologique, et à petite dose, dans une relation, on peut dire qu'elle est presque normale. Si, par hasard, elle le devient, elle doit immédiatement nous inquiéter, car elle représente un risque réel pour la sérénité du couple. Il arrive en effet que la victime commence à subir des accusations ou des tentatives de contrôle de la part de son partenaire qui, de son côté, peut aller jusqu'à poser des actes dangereux, comme l'agresser physiquement.

La jalousie obsessionnelle, bien que différente de la jalousie décrite auparavant, doit tout de même nous alerter. Connue encore sous le nom de « jalousie d'Othello », elle se manifeste lorsque le partenaire – quoique sans preuve concrète – ne doute pas de l'infidélité de la victime et va jusqu'à compromettre la stabilité de la relation par des épisodes, parfois très graves, de violence.

Il existe un autre type de jalousie, la jalousie rétroactive, également évoquée sous le nom de «jalousie Rebecca». Dans ce cas, la personne jalouse a du mal à supporter le passé de son partenaire, se persuadant par exemple qu'elle n'est pas à la hauteur de ses ex.

Malgré ces distinctions, il n'est pas toujours facile d'identifier le type de jalousie que l'on subit ou dont on est victime. Ce qui est certain, c'est qu'en dehors des cas de jalousie naturelle et, dans un certain sens, saine, il faut agir pour éviter que ses autres manifestations ne mettent le couple à genoux. Voici quelques conseils pour commencer à combattre et à vaincre ce sentiment.

Si vous êtes jaloux, admettez-le. Nous avons souvent tendance à avoir honte, surtout si notre partenaire ne nous donne aucune raison de l'être (par exemple, il ne nous a jamais trompés et ne flirte pas avec d'autres personnes). Parlez ouvertement avec lui, expliquez-lui ce que vous ressentez et pourquoi. Ainsi, il en sera conscient et, si votre jalousie découle d'une attitude étrange de sa part, il sera en mesure d'apporter les ajustements nécessaires à la situation. Enfin, réfléchissez à ce que vous ressentez et essayez de comprendre s'il s'agit d'une préoccupation irrationnelle de votre part ou si elle est objectivement causée par des facteurs externes tels que le comportement suspect de votre partenaire ou une trahison avérée.

7

LA COMMUNICATION EST ESSENTIELLE

Bien que notre vie quotidienne soit basée sur la communication, très peu de gens savent l'utiliser efficacement. Pour tous les autres, ce n'est qu'un jeu dont ils ne connaissent pas les règles ; ils sont persuadés de s'exprimer correctement, mais en réalité, leur façon de communiquer n'est pas efficace et débouche sur des messages peu clairs qui risquent d'être mal compris par le destinataire.

Le couple est un contexte relationnel et, en tant que tel, une dimension dans laquelle deux personnes échangent. Le problème que nous venons d'évoquer ‑ la difficulté de la plupart d'entre nous à communiquer efficacement ‑ conduit souvent à l'apparition de difficultés de communication plus ou moins graves dans le couple. Parfois, les deux partenaires en sont conscients, parfois un seul l'a remarqué ou les deux l'ignorent.

Lorsqu'on parle de communication, on ne pense souvent qu'aux mots prononcés, sans même prendre en compte la manière et le contexte dans lesquels on les exprime. En réalité, notre style de communication va bien au-delà de ce que nous disons, à tel point que l'on peut en identifier 3 types :

La communication verbale. C'est celle à laquelle la plupart des gens pensent quand on parle de communication, mais contrairement à ce que l'on pourrait croire, ce n'est pas la plus importante. Comme le terme l'indique, elle a trait à ce que nous disons ou écrivons. Si la communication verbale est utile pour communiquer des concepts, des raisonnements et des notions, elle n'est pas le meilleur choix lorsqu'il s'agit de transmettre des émotions.

La communication paraverbale. On peut dire que la communication paraverbale va de pair avec la communication verbale dans la mesure où elle concerne les détails de ce que nous disons. Il s'agit du ton, du rythme et du volume de la voix qui varient en fonction de la situation. Prenons une phrase simple comme «Viens ici». C'est ce que susurre Élisa à son petit ami Nicolas lorsqu'ils sont allongés dans leur lit, et elle utilise une voix sensuelle, à peine audible. Élisa énonce la même phrase à Nicolas alors qu'elle se promène dans les bois et qu'elle aperçoit un ours au loin. Dans ce cas, la même phrase est prononcée de manière urgente, sur un ton pressé et fort.

La communication non verbale. Ce type de communication est fondamental et comprend des éléments tels que le regard, la posture, les expressions faciales, les gestes et la proxémique (la distance physique entre deux personnes). Parfois, la communication verbale et la communication non verbale s'opposent, par exemple lorsque vous dites à quelqu'un que vous êtes heureux, mais qu'en réalité vous êtes accablé de soucis et que la phrase «Je vais bien» s'accompagne d'un affaissement de la tête entre les épaules et d'un regard vers le sol.

Surmonter la peur de parler et de montrer ses insécurités à son partenaire

Vous aimez votre partenaire et, peut-être, à un niveau subconscient, vous savez que vous pouvez lui faire confiance. Cependant, quand vous vous sentez peu sûr de vous, vous vous refermez sur vous-même et ne pouvez pas lui parler, en dépit du fait qu'il s'agit pourtant de questions particulièrement personnelles ou profondes. Nous nous mettons souvent en colère ou sommes tristes quand notre partenaire ne nous comprend pas ou qu'il fait «quelque chose de mal». Nous le voyons en effet apte à lire dans nos pensées, d'expliquer ce que nous éprouvons vraiment et les problèmes auxquels nous sommes confrontés simplement en y prêtant plus d'attention. En réalité, si vous voulez qu'il sache ce qui vous arrive et ce que vous ressentez, il n'y a pas d'autre moyen que de lui en parler. Le fait est que de nombreuses personnes s'estiment peu sûres d'elles dans leur relation, ce qui les pousse à voir des problèmes même là où il n'y en a pas (cette semaine, votre partenaire est distrait, et au lieu de relier cela à une probable préoccupation professionnelle, vous vous persuadez qu'il a quelqu'un d'autre). L'insécurité entraîne de nombreuses personnes à toujours penser au pire. Pourtant, que vous éprouviez ce sentiment ou non, il est important de mettre de côté votre peur de parler à votre partenaire. Peut-être craignez-vous qu'en le faisant et en vous montrant vulnérable, il ne se moque de vous (comme cela a pu se produire dans le passé avec d'autres personnes), mais sachez que se présenter tel qu'on est, avec ou sans fard, fait partie de toute relation saine. Le conseil est donc de parler ouvertement avec votre partenaire, sans l'attaquer si sa réaction n'est pas tout à fait celle que vous aviez imaginée. Dites clairement ce que vous ressentez, ce que vous aimeriez, soyez également attentif à la communication non verbale, puis laissez-lui le temps de s'exprimer tout aussi librement.

Problèmes de communication dus à un attachement anxieux

Si vous souffrez d'attachement anxieux, il est probable que vous ayez peur de communiquer ouvertement avec votre partenaire, craignant qu'en lui disant certaines choses, il ne s'éloigne et ne vous laisse seule. Peut-être êtes-vous secrètement convaincue qu'il vous a choisie pour des raisons qui n'ont rien à voir avec l'amour et vous redoutez qu'en lui faisant part de certaines pensées ou de quelques besoins, il ne vous trouve ennuyeuse. L'absence de communication ou la mauvaise communication risquent cependant de vous séparer, en créant un pont infranchissable entre vous deux. En gardant tout à l'intérieur, vous le maintenez inutilement dans l'ignorance de vos sentiments, ce qui ne peut que vous rendre malheureux tous les deux. Si vous détestez manger japonais, mais que vous avez pris l'habitude d'y aller tous les week-ends parce que vous n'avez jamais osé le lui dire, vous continuerez à le faire et vous vous sentirez de plus en plus mal à l'aise et acculée dans votre relation. Peut-être vous dites-vous que ce n'est pas important après tout, qu'il s'agit simplement d'un dîner au restaurant une fois par semaine, que votre partenaire aime cela et que vous ne voulez pas être celle qui lui enlève ce plaisir. Si vous continuez dans cette voie, vous risquez d'accepter tout ce qui vous déplaît et de vous retrouver dans une relation déséquilibrée, où vous vous mettez en quatre pour l'autre et où vous ne faites que l'agacer. Si vous souffrez d'attachement anxieux, vous avez tendance à éviter les conflits parce que vous les considérez comme désavantageux et, face à une dispute, vous « cédez » immédiatement sans avancer de raisons. Essayez de comprendre qu'une dispute n'est pas nécessairement négative ; au contraire, en affrontant ensemble un sujet ou un problème difficile, vous vous en sortirez mieux. Cela ne veut pas dire que si vous discutez sincèrement, il vous abandonnera : commencez par les petites choses, exprimez votre opinion sur la sortie du samedi ou sur son comportement qui vous dérange, vous verrez que la communication ne vous rendra que plus forts.

Comment communiquer au sein du couple

Nous venons de voir quelques-unes des principales raisons pour lesquelles les gens communiquent mal - ou pas du tout - avec leur partenaire. Nous allons maintenant découvrir quelques conseils pratiques, que vous pouvez mettre en place dès aujourd'hui, pour améliorer votre façon de vous exprimer au sein du couple :

- N'interrompez pas votre partenaire lorsqu'il parle. Si vous avez cette habitude, sachez qu'elle est plutôt néfaste. Laissez l'autre personne libre d'exprimer son opinion, sans l'interrompre à tout bout de champ, éventuellement pour l'attaquer.
- Ne critiquez pas, ne rabaissez pas et ne banalisez pas (et ne permettez pas à l'autre personne de le faire également). Votre partenaire vient de vous dire qu'il se sent démoralisé parce qu'il a eu une très mauvaise note à son examen universitaire et vous en riez en lui déclarant qu'il y a des

choses plus sérieuses dans la vie. Ou encore, c'est vous qui lui annoncez que vous vous sentez inquiet, car votre sœur vous semble insaisissable et il rejette la question comme étant sans importance. Valider les émotions et les préoccupations de l'autre ne favorise pas seulement la communication dans le couple, mais permet également à chacun de comprendre qu'il peut converser librement avec l'autre, sans que ce qu'il vit ne soit critiqué ou banalisé.

- Parlez clairement et spécifiquement. Lorsque vous discutez avec votre partenaire, comme vous n'envoyez jamais de messages clairs, vous vous rendez compte qu'après avoir beaucoup conversé, rien de ce que vous vouliez dire n'a été compris. Pour communiquer de manière claire et précise, évitez de généraliser et replacez les choses dans leur contexte. Au lieu de dire : « Tu ne fais jamais rien dans cette maison », demandez à votre partenaire : « Comment se fait-il que tu n'aies pas préparé le petit-déjeuner ce matin ? Tu savais que j'avais un appel téléphonique important avec ma mère ». La même chose s'applique, bien sûr, dans le sens inverse. Si votre partenaire a tendance à généraliser chaque fois qu'il vous parle et à vous accuser de tout et de rien à la fois, cela nuit à votre communication.
- Laissez la colère ou l'inquiétude s'apaiser. Votre partenaire vous informe qu'il a été licencié ; de votre côté, vous venez de recevoir une facture de gaz très élevée et avez reçu une lourde amende. Dans ce cas, si vous communiquez dans un contexte d'inquiétude, vous risquez de mal vous comprendre et de devenir violent. Attendez d'avoir la tête froide et analysez calmement la situation.
- Identifiez les motivations qui sous-tendent votre comportement. Si vous savez que vous avez peur de parler à votre partenaire, peut-être parce que vous craignez de le perdre ou de dire quelque chose de mal, essayez d'en déceler les raisons. Une fois que vous aurez compris ce qui se cache derrière ces comportements, vous pourrez faire en sorte qu'ils ne continuent pas à prendre le dessus sur vous.

Ne mettez pas tout dans le même sac. Comment reconnaître la différence entre l'attachement anxieux et les vrais problèmes relationnels ?

Il arrive souvent qu'une personne souffrant d'un attachement anxieux éprouve une peur presque injustifiée, alors que son partenaire l'aime et que la relation se passe bien. Dans d'autres cas, cependant, ces craintes découlent de problèmes réels et objectifs. Il n'est pas toujours facile de comprendre lequel des deux cas se présente lorsqu'il s'agit d'attachement anxieux, mais cette courte liste vous aidera à mieux évaluer votre situation.

Attachement anxieux :

- Vivre avec la peur (souvent irrationnelle) de perdre son partenaire.
- Vous êtes convaincu que votre partenaire ne vous a pas vraiment choisi.
- Vous avez peur que votre partenaire cesse de vous aimer.
- Vous avez peur d'être abandonné.
- Vous souffrez d'anxiété.
- Vous savez que vous êtes envahissant ou votre partenaire vous définit comme tel.
- Vous avez régulièrement besoin de l'approbation des autres.
- Vous avez une faible estime de vous-même.
- Vous avez tendance à être jaloux.
- Vous êtes très sensible aux critiques.
- Vous avez très peur d'être rejeté.

Problèmes objectifs dans le couple :

- Problèmes sexuels. Si vous avez de tels problèmes avec votre partenaire, il y a probablement quelque chose qui ne va pas dans votre relation. La sphère sexuelle est fondamentale dans un couple, mais souvent, en raison de facteurs externes tels que le stress au travail ou les enfants à élever, elle est mise de côté. Le conseil est de commencer par planifier des moments d'intimité entre vous, par exemple lorsque les enfants dorment chez les grands-parents le samedi soir, ou de bousculer la routine, comme en incorporant des jeux de rôle ou en explorant d'autres fantasmes.

- Vous ne vous affrontez pas. Face à une situation ou à un problème, il n'y a pas de confrontation dans votre couple, mais chacun reste barricadé dans ses propres convictions, avec une tendance plus ou moins explicite à critiquer l'autre. Tout cela fait partie des problèmes de communication qui, comme nous l'avons déjà mentionné, sont fréquemment les plus graves dans la vie à deux. Le conseil est de discuter de la situation à un moment calme, et non immédiatement, lorsque vous êtes peut-être surpris, inquiet ou en colère. Essayez de ne pas critiquer votre partenaire avec des phrases telles que « Tu ne fais jamais rien » ou « Tu es toujours distrait » et, en retour, ne lui permettez pas de se comporter ainsi avec vous.

Est-ce vous qui vous inquiétez trop ou êtes-vous confronté à un partenaire insaisissable ?

Nous avons déjà parlé du partenaire insaisissable, mais il reste important d'y consacrer un peu plus d'espace. En effet, il est vraiment difficile d'être dans une relation que l'on ne comprend pas ou dans laquelle on ne se sent pas à l'aise, et de déterminer si le problème provient de notre propre attachement anxieux ou s'il est en fait lié au comportement de notre partenaire. L'attachement anxieux se transforme effectivement en quelque chose de tout à fait différent si vous avez affaire à un tel partenaire. Dans ce cas, vous ne souffrez pas de sentiments injustifiés, mais d'une insécurité plausible résultant d'un partenaire particulièrement déroutant.

Par exemple, s'il évite les conflits, s'enfuit ou se tait lorsqu'il tente de résoudre un problème, il est normal que, surtout à long terme, il éprouve des préoccupations similaires. Ainsi que nous l'avons expliqué au préalable, ce type de partenaire fuit les liens et a tendance à les esquiver, n'aimant pas le type de responsabilité nécessaire au bon fonctionnement d'un couple.

Si vous êtes confronté à un partenaire évitant, vous pouvez essayer les stratégies suivantes pour améliorer votre relation :

- Lorsqu'il part, ne le poursuivez pas. Le partenaire insaisissable a besoin de son propre espace. Si vous le poursuivez, il s'éloignera davantage.
- Le problème ne vient pas de vous, mais de lui. Évidemment, comme vous souffrez beaucoup de son comportement, il peut être difficile de faire vôtre cette affirmation, mais ne prenez pas ce qu'il fait personnellement. Ce n'est rien d'autre que l'expression de son problème qui n'a rien à voir avec vous.
- Soyez clair dans votre communication. Demandez-lui ce qu'il attend de vous et de votre relation. De même, expliquez-lui ce que vous espérez de lui et de votre union. Choisissez ensuite une ligne à suivre ensemble qui réponde à vos besoins à tous les deux.
- Soyez cohérent. Tenez votre parole et adoptez une attitude cohérente entre ce que vous dites et ce que vous faites. C'est important parce que le partenaire insaisissable s'attend régulièrement à être déçu, mais en agissant de la sorte, vous rééduquerez lentement sa mémoire, en l'aidant à comprendre qu'il peut compter sur vous.

8

REDÉCOUVREZ VOTRE VALEUR ET RETROUVEZ VOTRE ESTIME DE SOI

Si vous souffrez d'attachement anxieux, vous pensez probablement que vous n'avez pas assez de valeur personnelle, vous êtes convaincue que votre partenaire est avec vous pour son profit personnel ou parce qu'il « n'a pas encore trouvé mieux » et, en général, vous avez une perception négative de vous-même. Au cours de ce livre, nous avons parlé de l'estime de soi, c'est-à-dire de l'ensemble des jugements que chacun d'entre nous porte sur lui-même. Dans cette section, nous évoquerons plutôt la valeur propre de chacun que nous avons souvent du mal à reconnaître, surtout si nous souffrons d'attachement anxieux.

En parlant de valeur, il est important de savoir qu'il y en a une qui n'a rien à voir avec notre moi intérieur, mais qui peut nous aider à atteindre ce que nous désirons, comme la richesse économique. Ensuite, vient celle basée sur les réalisations, c'est-à-dire que lorsque nous touchons un objectif ou franchissons une étape, notre estime de soi augmente, alors qu'en cas d'échec, nous pensons que nous avons peu ou pas de valeur. La plus importante, cependant, réside en nous et ne peut être sapée par aucun facteur externe ni par les personnes qui nous entourent.

Pour identifier votre valeur, demandez-vous quelles sont les personnes que vous appréciez le plus : il peut s'agir de votre partenaire, d'un membre de votre famille, d'une connaissance ou d'une personnalité publique. L'analyse de ces personnes-là vous aidera à comprendre ce qui compte vraiment pour vous dans ce contexte. Demandez-vous ainsi ce que vous pensez mériter : vous êtes peut-être actuellement convaincu que vous ne valez pas l'amour, l'amitié ou le travail de vos rêves. En revanche, démarrer un travail sur ces pensées autosabotantes est important pour ne plus vous contenter du minimum alors que vous pourriez obtenir davantage.

Il est essentiel que vous appreniez à mettre de côté l'autocritique négative et que vous commenciez à vous regarder de manière constructive, que vous abandonniez toutes ces pensées et croyances qui vous poussent à vous gâcher, à sortir vaincu des comparaisons avec les autres ou à rechercher la perfection (or, nous le savons tous, celle-ci n'existe pas).

Identifiez vos points forts. Prenez un stylo et du papier, si cela vous aide, et mettez-les sur papier. Est-ce que tout le monde vous dit que vous êtes gentil ? Êtes-vous un as en mathématiques ? Vous écrivez bien ? Êtes-vous résistant ? Être conscient de ses forces ne signifie pas se considérer comme infaillible ou parfait, mais mettre l'accent sur ses qualités, et pas seulement sur ses défauts.

Alors, redéfinissez vos objectifs (en général, ceux que vous avez aujourd'hui sont le résultat des idéaux des autres), changez de style si vous pensez que le moment est venu, arrêtez de vous comparer aux autres et apprenez à vous affirmer. Dès que vous aurez pris conscience de votre valeur, vous ne vous contenterez plus de miettes et vous saurez que vous avez droit à ce qu'il y a de mieux dans tous les domaines.

Croire que l'on est digne d'être aimé et que l'on peut être le véritable choix du partenaire désiré

Nous méritons tous d'être aimés. Peu importe qui nous sommes, d'où nous venons ou les erreurs que nous avons commises dans le passé. Malgré cela, de nombreuses personnes pensent, de manière plus ou moins inconsciente, qu'elles ne méritent pas l'affection souhaitée. C'est pourquoi nous nous retrouvons avec le premier venu, convaincus que nous ne pouvons pas trouver quelqu'un avec qui l'entente serait parfaite, ou que nous ne pouvons pas être le choix réfléchi de quelqu'un. Ces insécurités proviennent de doutes sur notre valeur personnelle. C'est en travaillant sur ce que vous venez d'écrire à propos de la valeur innée que vous pourrez réaliser à quel point vous êtes, comme n'importe qui d'autre, digne d'être aimé.

De nos jours, grâce à Internet et aux médias sociaux, nous sommes de plus en plus exposés à des images, des vidéos et des publicités qui font référence à une vie ou à une personne apparemment parfaite. Bien que nous sachions que la perfection n'existe pas et que ce que nous voyons en ligne a fait l'objet de filtres et de retouches, nous ne pouvons nous empêcher de nous sentir imparfaits lorsque nous nous référons à un influenceur.

Pour vous libérer de cette façon de penser, prenez conscience qu'il s'agit d'un moment de transition. Lorsque votre esprit est assombri par les doutes et les jugements, quand vous êtes convaincu que votre partenaire n'est avec vous que parce que vous habitez à deux maisons de chez lui, arrêtez-vous et regardez passer ces pensées puis disparaître lentement.

Évitez également d'écouter les opinions des autres si vous vous rendez compte qu'elles ne sont pas constructives. Il peut arriver que vous receviez des commentaires négatifs sur les médias sociaux, parfois même de la part de parfaits inconnus qui ne demandent qu'à déverser leur frustration dans la vie des autres. Dans ce cas, il est crucial de s'en détacher et d'éviter de les croire. Lorsque cela se produit, sachez que tout provient de vos propres schémas de pensée négatifs qui vous font douter de vous et imaginer que vous n'êtes pas aussi performant que vous aimeriez l'être. Si vous vous rendez compte que cela survient fréquemment, essayez d'y remédier vous-même ou demandez l'aide d'un professionnel. Changez votre façon de penser et de vous voir, réalisez que votre partenaire vous aime, vous a choisi et que rien n'est hors de votre portée si vous le voulez vraiment.

Apprendre à en profiter : dépasser les peurs du passé

Il arrive souvent que l'on ne puisse pas profiter du présent - même lorsque les choses vont bien - parce qu'on est encore écrasé par le poids du passé.

Parfois, des situations et des relations passées nous laissent des blessures - physiques et/ou émotionnelles - si graves que nous avons besoin de temps, d'amour et de beaucoup de soutien pour en guérir. En fait, si elles ne sont pas cicatrisées, ces blessures peuvent nous hanter de nombreuses années plus tard, nous habituant à toujours craindre le pire.

Comment oublier le passé et vivre pleinement le présent ?

Plutôt que de parler d'enterrer le passé, nous devrions évoquer son enseignement. Toute expérience de vie, même la plus douloureuse, vient nous enrichir d'enseignements que nous sommes plus ou moins capables d'apprendre. La plupart d'entre nous, en effet, non seulement ne réalisent pas ces leçons, mais sont esclaves d'événements depuis longtemps révolus et qui ressurgissent régulièrement à travers des souvenirs, des peurs ou des cauchemars. La clé n'est donc pas d'oublier, mais d'apprendre à se défaire du passé. Essayez de tirer les leçons de cette expérience, acceptez que les choses n'aient pas pu se passer autrement et concentrez-vous sur le présent et l'avenir.

Le passé, en tant que tel, ne peut être changé. Personne ne peut remonter le temps, donc une fois que vous aurez appris à l'accepter, vous réaliserez qu'il est possible de s'améliorer, que nous pouvons commencer ici et maintenant, dans le présent, et non dans une période qui est à présent révolue. Si, lorsque vous avez découvert votre ex partenaire au lit avec quelqu'un d'autre, vous avez réagi d'une manière qui vous semble aujourd'hui erronée, vous ne pouvez pas revenir à cette nuit-là. En revanche, vous pouvez travailler sur vos compétences en matière de communication dans votre relation actuelle et sur vos éventuelles explosions de colère.

Comme vous le savez peut-être, les peurs proviennent souvent du passé. Si vous avez vécu une relation toxique longue et compliquée, il se peut que vous ayez peur de vous lier à nouveau à quelqu'un d'autre. Sachez que c'est tout à fait normal. Pour vous débarrasser de cette peur, vous devez l'affronter, éventuellement avec l'aide d'un professionnel, sinon vous risquez de rester bloqué encore longtemps. Notez également qu'il n'y a pas de durée fixée pour traiter le passé et que nous ne devons pas comparer nos expériences, ainsi que notre propre parcours de guérison, à ceux de quelqu'un d'autre. Si, trois ans après, vous avez encore du mal à accepter la fin de votre relation avec Simone, alors que votre meilleure amie, un an après avoir survécu à un homme violent, est déjà très heureuse avec son nouveau partenaire, cela ne signifie pas que quelque chose ne va pas chez vous. Nous avons toujours tendance à nous comparer aux autres, ce qui, dans la plupart des cas, s'avère néfaste. Écoutez-vous, prenez votre temps, mettez en place une stratégie de petites actions quotidiennes pour changer votre regard sur le passé, et vous verrez à quel point vous progresserez.

9

ILS GAGNENT TOUJOURS, GRÂCE À VOUS

Peut-être qu'en lisant ces mots, un petit rire d'incrédulité vous a échappé. Le libellé du titre vous semble tellement absurde que c'est comme si on vous disait que la terre est carrée. Si vous souffrez d'attachement anxieux, il est probable que vous ayez tendance à songer que vous ne valez rien ou presque, que vous ne vous sentez jamais à la hauteur et que vous accordez une grande importance au jugement des autres. Il est temps de changer votre façon de penser et d'entreprendre à vous voir tel que vous êtes.

Si vous en êtes au point de croire qu'en présence d'autres personnes, ce sont elles qui s'en sortent le mieux, il est capital pour vous de changer votre vision de la vie en commençant par évaluer votre situation actuelle.

Au cours de cet ouvrage, nous avons vu qu'au sein d'un couple, il est parfois possible d'être confronté à un partenaire insaisissable. Il peut en être de même dans les relations avec un ami, un collègue qui vous est cher ou un membre de votre famille. Cependant, si la personne à côté de vous n'a pas d'attitude évitante et que l'attachement anxieux vient de vous, peut-être à cause de vos expériences passées, il est temps d'y travailler pour le diminuer ou le supprimer complètement.

Nous avons beaucoup parlé de valeur personnelle et d'estime de soi. Ces deux facteurs sont extrêmement importants pour en arriver à croire que, lorsque vous êtes avec d'autres personnes, vous leur apportez un avantage. Actuellement, quand vous êtes en compagnie de quelqu'un, vous pensez probablement que cette personne vous fait une faveur en étant là avec vous, ou que si elle avait mieux à faire, elle ne vous aurait pas proposé d'aller prendre un café.

Dès lors que vous êtes conscient de votre valeur, que vous avez une bonne estime de vous-même, vous savez que vous avez le droit d'être aimé, que les autres vous recherchent non pas par intérêt personnel ou parce qu'ils n'ont personne d'autre avec qui passer du temps, mais bien parce qu'ils ont envie d'être avec vous. Après tout, pourquoi ne le feraient-ils pas ? Nous comprenons qu'en ce moment, il n'est pas facile pour vous d'accepter cet idée, mais nous vous donnons mainte-nant quelques conseils pour que vous puissiez vous approprier cette façon de concevoir :

- Dressez une liste de vos points forts. Nous avons tous des points forts et des points faibles, mais nous nous concentrons souvent sur ces derniers. Si c'est votre cas, prenez un stylo et du papier (afin de pouvoir vous référer à cette liste à l'avenir) et notez tous vos points forts. Si vous ne savez pas par où commencer, demandez à des personnes de confiance ou pensez à votre passé et rappelez-vous vos réussites. Vous n'avez pas eu besoin d'étudier beaucoup à l'école grâce à votre mémoire d'éléphant ? C'est l'un de vos atouts. Depuis votre enfance, vous avez toujours donné un coup de main aux personnes âgées du quartier et aux personnes en difficulté en général ? L'altruisme est un de vos mérites.
- Mettez-vous dans la peau d'une autre personne. Jouons à un jeu : réfléchissez à votre situation actuelle en prétendant qu'il ne s'agit pas de vous, mais de votre meilleur ami ou de votre voisin. De cette façon, il vous sera plus facile de voir la situation objectivement. Par exemple, vous êtes sorti avec des collègues hier soir, vous êtes allé manger une pizza, et

vous avez passé toute la soirée convaincu que les autres vous trouvaient inintéressant, mais vous avaient invité parce que, eh bien, même le stagiaire était là ! Analysez la situation en imaginant que cette personne n'était pas vous, mais quelqu'un que vous connaissez. Penseriez-vous vraiment que vous avez été convié par obligation ? Mais non, il est évident que pour les autres, c'était un plaisir de vous avoir avec eux !

• Prêtez attention à votre dialogue intérieur. Le dialogue intérieur est celui que nous avons avec nous-mêmes. Nous parlons quelquefois à voix haute, parfois dans notre tête, mais chaque jour nous le faisons, souvent de manière négative avec un impact par la suite, non seulement sur notre façon d'agir, mais aussi sur ce que nous pensons, à propos de nous-mêmes et des autres. Si vous avez un dialogue négatif avec vous-même, vous avez probablement des schémas de pensée tout aussi négatifs qui, dans la plupart des cas, ne sont pas les vôtres, mais proviennent d'autres personnes, telles que la société en général, votre famille d'origine ou votre contexte de travail. C'est pourquoi vous vous prétendez toujours incapable, vous pensez ne pas être assez intelligent, beau, sympathique, ambitieux ; en revanche, vous avez l'impression que tout le monde l'est plus que vous. Nous l'avons déjà vu, il est possible de changer d'état d'esprit, mais cela demande du temps, de l'engagement et de la répétition. Vous devez vous engager sur cette voie, car pour modifier votre dialogue intérieur, vous devez faire évoluer la façon dont vous vous percevez et dont vous en déduisez votre réalité.

Que se passe-t-il lorsque vous prenez conscience de votre valeur, indépendamment du jugement des autres ?

En général, nous nous évaluons en fonction du jugement des autres. Le patron nous félicite-t-il sur la qualité de notre travail ? Nous avons alors une haute opinion de nous-mêmes. Un collègue nous dit que nous sommes un fainéant ? C'en est fini de notre estime de soi. Or, une personne consciente de sa propre valeur ne permet pas aux autres de la réguler. Elle est consciente de sa valeur et réagit donc avec indifférence aux critiques, comme aux flatteries.

Prenons un exemple : Sarah aime écrire et vient de penser à une nouvelle qu'elle veut adresser au concours littéraire de sa ville. Sa meilleure amie, Stéphanie, lui annonce qu'elle estime le texte pas assez intéressant et qu'elle ne devrait pas l'expédier, tandis que sa mère lui assure qu'il est merveilleux et qu'elle a été émue de le lire. Sarah ne se laisse pas influencer par l'une ou l'autre opinion : consciente de la valeur de l'histoire, elle l'envoie au concours littéraire malgré les critiques de Stéphanie et indépendamment des flatteries de sa mère.

Vous êtes vous-même, et cela suffit pour que vous commenciez à travailler à la recherche de votre valeur. Pour ce faire, vous n'avez pas besoin de partir de ce que vous êtes, par exemple un manager, un parent, un partenaire, etc. Vous devez simplement être conscient de ce que vous valez, quel que soit le contexte. Si vous travaillez dans une entreprise où seules certaines personnes sont récompensées, cela ne doit pas vous amener à penser que vous êtes inférieur. Ce que vous pouvez faire et vos compétences ont toujours de la valeur, quel que soit le degré de reconnaissance des autres.

Enfin, si vous avez l'impression d'être un poisson hors de l'eau, de ne pas vous reconnaître dans cette société moderne, il est facile d'avoir une faible estime de soi. Même s'il y a peu de personnes qui vous comprennent et vous acceptent, ou si, en ce moment, vous avez l'impression qu'il n'y en a pas, gardez votre estime de soi.

Rappelez-vous que ne pas se laisser influencer par les opinions des autres n'empêche pas de les écouter. Vous devez simplement apprendre à évaluer le type de critique, l'identité de la personne qui la formule et savoir que nous avons généralement le dernier mot. Nous devons donc éviter d'être des « people-pleasers », c'est-à-dire de toujours vouloir plaire aux autres, mais plutôt avoir la force et le courage de puiser en nous-mêmes pour identifier nos propres idéaux et commencer à vivre comme nous le désirons.

10

AFFIRMATIONS POSITIVES

Nous avons vu que, pour surmonter les croyances négatives et les remplacer par des croyances plus positives et fonctionnelles, il est nécessaire de changer la façon dont nous nous voyons et dont nous percevons la réalité qui nous entoure. Ce faisant, notre dialogue intérieur s'améliorera également, de même que notre estime de soi. Si vous ne savez pas par où commencer, voici une liste d'affirmations positives efficaces. Choisissez-en quelques-unes qui vous correspondent et prenez l'habitude de les répéter plusieurs fois par jour. Au début, cela vous semblera étrange, mais au fil du temps, cela deviendra de plus en plus « normal », et un jour vous vous rendrez compte que ces affirmations positives sont descendues dans la partie inconsciente de votre esprit et qu'elles y ont adhéré. Vous remarquerez alors qu'elles ont remplacé les affirmations inutiles et négatives précédentes.

- J'ai de la valeur.
- Je suis mon meilleur atout.
- Je suis responsable de ma vie.
- Je ne veux que le meilleur pour moi.
- Je mérite le meilleur.

- Je mérite d'être aimé.
- J'agirai pour surmonter les obstacles.
- Les échecs ne me définissent pas.
- J'ai une influence positive sur les autres.
- Je m'entoure de personnes partageant les mêmes idées.
- Je poursuis mes rêves.
- Je travaille pour atteindre mes objectifs.
- Je m'améliore chaque jour.
- Je crois en moi.
- Je suis naturellement calme.
- Je suis conscient de mes compétences.
- Je suis fort.
- Je me sens à l'aise avec les autres.
- Ma vie est une aventure.
- Je peux obtenir tout ce que je veux.
- Mes pensées ne contiennent que joie et calme.
- J'ai confiance en moi et en la vie.
- Je suis capable de contrôler mes émotions.
- J'accepte les compliments parce que je sais les mériter.
- Je suis unique.
- Je peux le faire.
- Je suis plein d'énergie.
- Je respecte mon temps.
- Je suis satisfait.
- Je me permets de ralentir.
- J'ai déjà réussi, je réussirai encore.
- Je suis moi-même.

CONCLUSION

L'attachement anxieux vous conduit à vivre dans un état constant d'anxiété et de stress qui s'accompagne souvent d'insécurité, de tension et d'une faible estime de soi. Vous savez déjà tout cela. Ce que vous avez appris dans ce livre, c'est à regarder la vie avec une perspective différente, en commençant par comprendre si l'attachement anxieux que vous ressentez dans votre relation provient de vous ou du comportement d'un partenaire insaisissable.

Pour vous débarrasser de l'attachement anxieux, vous devez vous engager sur un chemin qui vous amènera à creuser à l'intérieur de vous-même. Vous pouvez vous faire aider par un professionnel si vous le souhaitez, mais l'important est de déplacer votre regard de l'extérieur vers l'intérieur. Ne cherchez plus votre valeur et votre estime de soi à l'extérieur de vous, mais trouvez-les dans votre for intérieur : ce sera le premier pas vers la prise de conscience que vous êtes unique et que vous êtes bien comme vous êtes. Pas à pas, avec le temps, vous réaliserez qu'il est possible de changer votre façon de penser et d'avoir une approche plus réaliste et optimiste de vous-même.

Vous méritez ce qu'il y a de mieux et vous êtes digne d'être aimé.

Faites vôtres ces croyances et vous aurez déjà commencé à vous débarrasser de l'attachement anxieux qui vous ronge.

Printed in France by Amazon
Brétigny-sur-Orge, FR

14627279R00043